Paolo Borgognone

TUTTI PER UNO

I Beatles in Italia

la case books

TUTTI PER UNO - I BEATLES IN ITALIA

ISBN 978-1-953546-35-7

LA CASE Books
PO BOX 931416, Los Angeles, CA, 90093
info@lacasebooks.com | | www.lacasebooks.com

INDICE

Tutti per uno - I Beatles in Italia

INTRODUZIONE

C i sono momenti che segnano la storia, eventi che riescono a cambiare se non la società intera, almeno una parte di essa. E non solo nella percezione che se ne ha in quello stesso istante, ma anche – e forse soprattutto – in prospettiva.

La presenza in Italia per gli otto concerti tra Milano Genova e Roma nel giugno 1965, sessanta anni fa, dei Beatles - semplicemente la band più importante nella storia della musica mondiale, messa al pari dei grandi compositori del passato e autentica leggenda, capace di ispirare migliaia di performer da allora fino a oggi - rientra nel ristretto novero di quelle istantanee fissate per sempre nell'immaginario collettivo di generazioni e generazioni. Il discorso vale per gli innumerevoli appassionati dell'arte delle sette (o dodici come dicono gli espertissimi) note, ma anche per tanti altri, in ogni campo.

La prima metà del 1965 vive già, dappertutto, all'insegna dei Beatles. Il mondo intero ha scoperto la band di Liverpool. La Beatlemania, l'isteria collettiva intorno al quartetto, unisce come in una rete i ragazzi americani, gli europei, quelli australiani e giapponesi. Ovunque, le note della musica dei "Fab Four" risuonano come colonna sonora della storia di quei giorni, pregni di eventi e accadimenti cruciali.

A Selma, in Alabama, il Reverendo Martin Luther King Junior guida oltre tremila attivisti di ogni religione, razza e colore, attraverso le campagne del sud degli Stati Uniti in una marcia non violenta per i diritti, l'uguaglianza, la dignità, sfidando poliziotti razzisti, politici segregazionisti e gli assassini incappucciati del Ku Klux Klan.

L'Early Bird, antesignano di tutti i satelliti per telecomunicazioni, inizia la sua orbita intorno alla terra, aprendo la via a nuove, stupefacenti interconnessioni. Il 1965 è l'anno anche della prima passeggiata spaziale del cosmonauta sovietico Aleksej Archipovic Leonov. Ma se il cielo è il limite, sulla superficie del pianeta l'eterna e insana passione per la guerra miete ogni giorno nuove vittime: a Da Nang, in Vietnam, sbarcano i soldati americani, in una tragica escalation del conflitto nel sud est asiatico; a Dong Yin si scontrano Cina e Taiwan; nel Kashmir si versa sangue indiano e pakistano. Spuntano ovunque dittatori sanguinari, come il congolese Mobutu e il romeno Nicolae Ceausescu. La violenza non conosce soste: sette colpi d'arma da fuoco fermano, a 39 anni, la vita e la battaglia di Malcolm Little, alias El-Hajj Malik El Shabaz, che il mondo conosce con il nome di Malcom X. La lista, evidentemente, potrebbe continuare.

E l'Italia? Il nostro è un Paese, come sembra capitargli sempre nella storia, capace di opere clamorose e di perdersi in chiacchiere inutili, se non pericolose. Nella primavera di quell'anno, per esempio, il regista Vittorio De Sica trionfa – con "Ieri, oggi, domani" - nella notte degli Oscar di Hollywood, dopo aver collezionato altri riconoscimenti prestigiosi: Golden Globe, Bafta, David di Donatello.

In quegli stessi giorni, un gruppo di loschi figuri - alcuni anche in divisa e con le stellette - in un convegno sulla "guerra rivoluzionaria" organizzato all'Hotel Parco dei Principi di Roma (lo stesso che ospiterà nella capitale i "Fab Four") preparano quel tentativo di sanguinario push reazionario che passerà alla storia come "strategia della tensione" e che insanguinerà le strade del Belpaese per quindici anni almeno. La notizia dell'arrivo da noi dei Beatles suscita reazioni contrastanti. Da un lato ci sono i giovani, almeno una parte consistente di essi, che manifestano genuino entusiasmo. Sono ragazze e ragazzi che stanno cercando una propria strada, un modo di esprimersi, di non restare solo cloni dei rispettivi genitori, soddisfacendone aspirazioni e convinzioni. Anche a costo di mettere a rischio le proprie certezze.

Questi italiani iniziano a guardare oltre lo stretto confine delle Alpi e dei mari che circondano il Paese. Si comincia ad ascoltare musica "diversa", a ballare come nei locali di Amsterdam, New York, Londra. Milano apre le danze, moderna come nessun'altra città italiana anche in questo senso, seguita dalla capitale e dal suo luogo di culto per un'intera generazione, il Piper. Si impone una moda che non è più solo conforme a dettami del "buon gusto", ma che vuole esprimere un afflato di libertà e innovazione. Addosso si portano colori e fogge mai osati fino a quel momento. Molti arrivano direttamente dall'Inghilterra, che del fenomeno giovanile è, evidentemente, inevitabile centro focale di irradiazione.

C'è, ovviamente, un rovescio della medaglia. Quello della conservazione, della società che vuole rimanere ferma su posizioni certe e consolidate e non accetta neanche l'ipotesi di un alito di cambiamento. Arrivano così le voci che si alzano contro le esibizioni degli appena nominati Membri dell'Impero britannico. Le parole utilizzate per rintuzzare e spaventare sono sempre le stesse: ipotetica "cattiva influenza" sui giovani, suoni "pericolosi", mode che avrebbero potuto contribuire a spezzare i sacri vincoli della famiglia tradizionale e dell'ordine costituito. Tutto già visto e sentito, condito da noi con una vena di osceno nazionalismo (l'orrendo ventennio fascista è finito certo, ma i nostalgici, allora come oggi, spuntano come funghi in un bosco dopo una pioggia copiosa) e di ironia crassa, volgare e spesso sessista. A testimoniarlo, certi titoli di giornale come "Odiosamati Beatles", "Ho visto la calata delle parrucchette", "Capelli degeneri" e tanti altri. Un delirio moral-tricologico che farebbe solo sorridere se certi echi non si sentissero, incredibilmente, ancora oggi nei discorsi di persone rimaste ferme a idee e convinzioni vecchie di decenni. O che, semplicemente, non sanno a quale altro santo votarsi per dire "no".

Tutto questo certifica la pessima accoglienza ricevuta anche da noi dal gruppo che la lungimiranza di Leo Wachter aveva portato a varcare le Alpi nel corso di una estate convulsa, passata interamente in tour. E che troverà – poche settimane dopo le esibizioni a Milano, Genova e Roma – massima espressione nello storico concerto allo Shea Stadium di New York: cinquantaseimila spettatori e, soprattutto, il debutto del rock negli enormi spazi dedicati allo sport, per quella che oggi è diventata consuetudine, ma che allora, con la dovuta e relativa eccezione di Elvis Presley, rappresentava una novità assoluta.

Quello che accoglie la band più famosa del pianeta è dunque un Paese diviso e contraddittorio. Anticipati e accompagnati dagli echi terrorizzati della stampa più retrograda, i Beatles arrivano a Milano attesi da migliaia di fan. Certo, in questo angolo di mondo non sono popolari come nella madrepatria o negli Usa.

La barriera linguistica contribuisce a frenare la diffusione endemica del fenomeno che, non a caso, esplode nella sua virulenza più eclatante proprio la dove l'inglese è comunemente parlato e studiato da larghi strati della popolazione: i Paesi Bassi e la Scandinavia, per esempio. O l'Australia dove la band è accolta "dalla più grande folla che avessero mai visto", come raccontarono gli stessi protagonisti.

Eppure, tra lo "sdegno" dei benpensanti, le irridenti battute di una parte della stampa, la scelta di ignorare l'evento da parte dei canali radiotelevisivi nazionali, la "calata" di George, John, Paul e Ringo da noi diventa comunque un fenomeno di costume e dai risvolti anche sociali non trascurabili. L'impatto della presenza in Italia del gruppo si conterà nelle migliaia di piccole band che nasceranno di lì in poi. Ma anche nella impennata nelle vendite tanto dei dischi che degli strumenti musicali, che vedranno i numeri moltiplicarsi nei mesi successivi. Un seme lanciato che germoglierà, nonostante tutto, negli anni a venire, contribuendo a far uscire il Paese da quella forma di auto isolamento culturale che pare essere uno dei drammi sociali dell'Italia del "secolo breve", come definì il Novecento lo storico britannico di nascita egiziana Eric Hobsbawn. L'impatto dei Beatles, la "scoperta" di nuovi e sempre più accattivanti sound, porta con sé, da noi, un ulteriore "strano" fenomeno che si protrae per molti anni. Quello delle "cover". Non riuscendo a scalare le classifiche con le versioni originali delle canzoni - abbiamo già parlato della barriera linguistica e delle difficoltà ad accettare proposte estere da parte del grande pubblico - queste vengono "italianizzate" attraverso uno spregiudicato uso della traduzione dei testi.

Un vezzo tutto nostrano - fuori dai confini nazionali accadrà unicamente in casi molto eccezionali - che riguarderà i Beatles stessi. Se fino al 1965 solo sporadicamente avevamo avuto pezzi originali della band di Liverpool cantati nella lingua di Dante - basti per tutti l'esempio di "Please, Please Me" affidata a Fausto Leali e i Novelty - da quell'estate si fa sul serio.

A intervenire sulle parole sono personaggi come Mogol, Bruno Lauzi, Ricky Gianco, Paolo Limiti. E gli interpreti non sono meno noti: "Yesterday", per esempio, tradotta ovviamente con "Ieri", è affidata via via a Los Marcelos Ferial, a Catherine Spaak (che brilla fra i "vip" che entrano all'Adriano di Roma per vedere i "Fab Four" dal vivo) e addirittura Claudio Villa. Ma ci saranno anche i Camaleonti ("Se ritornerai", versione tricolore di "Norwegian Wood"), i "Nuovi angeli (loro "Il dubbio", in originale "Carry the Weight") e Patty Pravo che, nel 1970 interpreta "La tua voce", scritta per lei da Mogol e Don Backy, riedizione di "And I Love Her". Ci fermiamo qui per un elenco che potrebbe continuare addirittura anche fino agli anni Duemila; ricordando però che il fenomeno non riguardò soltanto i Beatles, ma coinvolse decine e decine di opere delle più grandi star anglo-americane dell'epoca.

Ma torniamo a quei caldissimi giorni di giugno di sessanta anni fa. Provenienti dalla Francia, a bordo di un treno, i Beatles sbarcano a Milano. Ad attenderli, un folto gruppo di giornalisti e qualche migliaio di "scalmanati", come si leggerà su un quotidiano il mattino seguente. Si faranno fotografare sul tetto del loro albergo, a pochi passi dal Duomo e si esibiranno in due spettacoli al Vigorelli, il Velodromo della zona Fiera che registrerà solo per lo show serale un pubblico degno, capace di sfiorare i ventimila presenti. Pubblico che, sui giornali in particolare, viene irriso e deriso tanto prima che dopo lo spettacolo.

"Si parla di isteria, di finti svenimenti" e ci si rallegra, una volta che la buriana è passata, che il luogo dove si è svolto il concerto sia ancora in piedi. Come se a esibirsi fosse un tornado o un terremoto e non solo una band di quattro ragazzi che fanno musica (e che musica, aggiungiamo).

Il cliché si ripete a Genova - dove i "Fab Four" scelgono di andare ritenendola una città molto simile alla loro amata e mai abbastanza rimpianta Liverpool - e quindi a Roma. Nella capitale i concerti si tengono al chiuso, al Teatro Adriano di

Piazza Cavour con i Beatles protagonisti per quattro volte, due nel pomeriggio e due la sera. Uno di questi concerti - raccontano i testimoni - sarebbe terminato in anticipo quando un buontempone sale sul palcoscenico per rubare a John il suo cappello da "olandesino" portato da Amsterdam.

A parte questo comico, ma comunque spiacevole incidente, tutto si svolge senza intoppi e disastri. Se qualcuno tira un sospiro di sollievo, e dopo la partenza per il resto della tournée appaiono sulla stampa articoli più concilianti nei quali si testimonia l'importanza e la grandezza dello spettacolo, altri continuano a insistere con la loro battaglia. Si arriva persino a una infruttuosa interrogazione parlamentare per capire quali e quanti sforzi siano stati chiesti alle forze dell'ordine per tenere a bada gli "scalmanati". L'effetto scia, l'onda lunga del passaggio in Italia dei Beatles si apprezza soprattutto col passare del tempo. Quando anche da noi, come succede in tutto il mondo, artisti e musicisti di successo iniziano la loro carriera proprio spinti dall'entusiasmo, dalle sonorità straordinarie e dalla eccezionale capacità di protagonismo dei quattro di Liverpool.

Un'eredità, tuttavia, poco riflessa - e pare quasi incredibile - andando a spulciare la classifica "all time" delle hit parade in Italia (in proposito basta collegarsi al sito hitparadeitalia.it). Scorrendo l'elenco dei dischi più venduti nella storia del nostro Paese scopriamo che la prima opera dei Beatles è solo al quindicesimo posto. Ed è "Let It Be", ovvero il canto del cigno del gruppo. Al ventitreesimo posto troviamo "Yesterday" ma attenzione: solo un quarto delle vendite della canzone è effettivamente attribuita ai "Fab Four": il resto viene da cover. "Come Together" e "Hey Jude" - caposaldi della musica mondiale - sono soltanto al quarantaseiesimo e quarantasettesimo posto rispettivamente, preceduti per il 90% da una produzione nazionale, in alcuni casi quanto meno discutibile. Eppure, fin da subito, l'impatto della presenza della band di Liverpool anche sul nostro Paese è enorme.

A testimoniarlo, sono le straordinarie foto che ritraggono la band in Italia e ci rimandano anche delle istantanee uniche del loro popolo in fervente attesa: i volti di quanti hanno fatto "la posta" ai Beatles davanti ai loro hotel, o nelle arene dove si esibiscono - prima, durante e dopo gli show - sono gli stessi da noi come in ogni angolo del mondo. Almeno in questo non siamo in colpevole ritardo.

Perché la musica, questa musica, che è capace di parlare all'anima, che sa rintracciare e emozioni più pure e sincere, si rivolge a una coscienza comune: a quella parte profonda che in ognuno di noi racchiude i sentimenti e li preserva dal tempo che passa e dai graffi dell'esistenza.

PARTE I

Chiedi chi erano i Beatles

Un racconto che abbia come cornice temporale quella degli anni Sessanta non può fare a meno di occuparsi dalla vicenda musicale, sociale e umana dei Beatles. Non "un" gruppo, ma "il" gruppo. La band che - col proprio sound, il look, i comportamenti – ha meglio e più di tutti incarnato lo spirito di quel tempo. E che ha aperto la strada a generazioni di performer di stili e generi anche diversi tra loro. I "Fab Four" hanno realizzato una "rivoluzione" culturale, non violenta ma sostanziale, capace di travalicare il mondo delle "sette note", plasmando non soltanto l'epoca in cui il complesso è stato attivo, sostanzialmente fra il 1962 e il 1970, ma anche quelle successive, fino ai giorni nostri. E, con ogni probabilità, anche più avanti.

Il 1965, cruciale anno di mezzo di quello straordinario e fondamentale decennio, conferma questa semplice, affermazione. Si tratta di un momento chiave nello sviluppo del complesso nato dopo l'incontro tra Lennon e McCartney alla Church Hall della St Peter's Parish a Woolton, cresciuto nelle oscure cantine del quartiere di St Pauli ad Amburgo oltre che in quelle della natia Liverpool ed esplosa come fenomeno globale. Già da un paio di anni, dal celebre articolo di Don Short sul "Daily Mirror" che per primo utilizzò pubblicamente questo termine, il mondo conosce il concetto di "Beatlemania": una "frenesia collettiva", secondo la definizione citata dalla autorevole Encyclopedia Britannica. Un mix di allegria, spensieratezza, culto della personalità che aveva reso i "Four" veramente "Fab" e che, partendo dall'Inghilterra - in particolare dopo la partecipazione agli spettacoli televisivi come il "Sunday Night at London Palladium" dell'ottobre 1963 o il "Royal Variety Performance" del mese successivo - stava oramai contagiando tutti. Intanto l'Europa - indimenticabile il tour svedese, il primo fuori dal suolo patrio, se si escludono le residenze amburghesi – poi il resto del mondo. Basti pensare alla tournée mondiale del 1964, al debutto in America, o ai concerti in Australia e Nuova Zelanda con Jimmie Nicol alla batteria in attesa che Ringo si riprendesse dalla tonsillite.

Per il batterista londinese - che, proprio come i "Fab Four", aveva iniziato con lo skiffle prima di passare al rock and roll – un breve ma significativo momento di gloria.

Almeno in termini di classifica, i Beatles si erano costruiti in quei convulsi mesi, un nome in molti Paesi. La stampa – quella conservatrice in particolare – non perdeva occasione per attaccarli come rappresentanti del "fenomeno giovanile", accusandoli delle solite assurdità di comodo: fomentare, con la loro musica "assordante", il lassismo tra le nuove generazioni; propagandare valori differenti da quelli confezionati dalla società dell'epoca; far "preoccupare" i genitori (proverbiali, a questo proposito, i commenti apparsi proprio in Svezia all'arrivo del gruppo); essere capofila dei disordini e della delinquenza dilagante. Tutte cose già sentite all'alba del fenomeno noto come rock 'n roll, soprattutto in America. Valga, per tutti, l'esempio della canzone "Rock Around the Clock", scritta da Max Freedman e James Myers nel 1954 e interpretata l'anno successivo da Bill Haley and His Comets. Il brano venne bollato oltreoceano come "colonna sonora dei teppisti in tutto il mondo". Questo accadde, in particolare, dopo essere stato inserito nella soundtrack del film "Blackboard Jungle": un dramma diretto da Richard Brooks sulle difficoltà dell'integrazione razziale nelle scuole. Argomenti scabrosi per la società a stelle e strisce di quel periodo, alle prese con l'applicazione della storica sentenza antisegregazionista della Corte Suprema del '54 nel caso "Brown vs Board of Education" e con le tensioni che accompagnavano la diffusione del movimento per i diritti civili e le battaglie del Reverendo Martin Luther King Jr. Stesso discorso si può replicare per le prime apparizioni di Elvis Presley. Anche qui siamo intorno al 1955. Davanti al successo mai visto prima del rocker di Memphis, l'establishment reagì. Dapprima con attacchi anche personali e commenti improntati al disprezzo per il performer e il suo pubblico.

Quindi, non appena possibile, gli mise addosso una divisa, tagliandogli i capelli e spedendolo a fare il soldato per "normalizzarne" il messaggio. La vena "rivoluzionaria" che Elvis aveva in sé era considerata, in questo caso, particolarmente pericolosa perché gettava un ponte musicale e culturale tra la società dominante bianca e quella nera ancora emarginata e ghettizzata. E la lista potrebbe continuare.

Quando, il 7 febbraio del 1964, i quattro di Liverpool erano sbarcati a New York, il tenore della accoglienza riservatagli da una parte dei tantissimi cronisti assiepati nella sala dove si tenne la prima conferenza stampa, non era stato dissimile. Le assurde domande su "quando si sarebbero sciolti" o se quelle che indossavano "fossero delle parrucche" superarono di molto la curiosità sulle qualità come musicisti e le aspettative di un gruppo di ragazzi allora più o meno venticinquenni. Tentativi non mascherati quanto maldestri di metterli in difficoltà, deriderli, sminuirli gli occhi della opinione pubblica, tagliando loro le gambe. Ai quali John, Paul, George e Ringo risposero facendosi cinicamente beffe di quella aggressione verbale, con ironia e spirito di gruppo. E pensare che era stato proprio un giornalista – uno dei migliori di sempre, serve aggiungere – a scegliere di dare al pubblico americano qualcosa dei Beatles, suscitando l'attenzione di milioni di giovani. Quel professionista lavorava per la CBS, si chiamava Walter Cronkite ed era stato colui che, in diretta, aveva informato i suoi connazionali dell'uccisione del presidente John Fitzgerald Kennedy a Dallas, il 22 novembre 1963. Gettando, suo malgrado è ovvio, il Paese nel caos e nella disperazione.

Poche settimane dopo, martedì 10 dicembre, Cronkite decise di mandare in onda un filmato sul gruppo: "un segmento spensierato su quattro giovani inglesi che sfoggiavano tagli di capelli stravaganti e suonavano rock and roll", (racconta sempre la Encyclopedia Britannica) per "rallegrare una nazione ancora colpita dal dolore". Necessaria ricucitura, parziale quantomeno, di una ferita che ci sarebbero voluti anni per suturare completamente. L'operazione evidentemente poté definirsi riuscita. La Capitol Records, etichetta di Hollywood fondata nel 1942 da Johnny Mercer, Buddy DeSylva e Glenn E. Wallichs e di proprietà dell'inglese EMI dal 1955, fino ad allora si era messa di traverso alla pubblicazione di singoli e Lp della band. Soprattutto per timore di fare un buco nell'acqua col pubblico statunitense.

Dopo aver demandato il compito a società minori come la Vee Jay Records di Chicago, scelse proprio quel momento per dare alle stampe a proprio nome "Meet the Beatles". L'album sarebbe arrivato sul mercato Usa il 20 gennaio del 1964, tre giorni dopo che il singolo "I Want to Hold Your Hands" era salito al primo posto della chart a stelle e strisce. Stesso risultato per "The Beatles Second Album", uscito in America il 10 aprile e che conteneva, tra le altre, "Please Mr Postman", cover di un successo dell'etichetta

Motown, affidato alle Marvelettes dell'agosto 1961. Una canzone che qualcuno potrebbe considerare minore nel panorama della produzione della band di Liverpool ma che in realtà riveste un'importanza fondamentale. Quando i Beatles iniziarono a suonarla dal vivo e poi nei programmi Tv fecero, ancora una volta, da apripista. Permisero al pubblico inglese e a quello globale di conoscere la musica degli afroamericani di Detroit. "Please Mr Postman" fu la prima produzione Motown a raggiungere, se pur non nell'edizione iniziale, la vetta delle chart americane. Curiosità: nella versione originale della Marvelettes, si può ascoltare un ospite d'eccezione alla batteria, Marvin Gaye.

La partecipazione – la prima volta il 9 febbraio 1964 – al programma televisivo "Ed Sullivan Show" della CBS, non fece che suggellare il trionfo dei "Fab Four". Lo spettacolo registrò un'audience di 73 milioni di spettatori su circa 109 milioni di abitanti all'epoca in America. I televisori erano sintonizzati sul programma in più di 23 milioni di case – il 60% del totale - avvicinando il successo della prima apparizione di Presley. Il rocker di Memphis, quasi dieci anni prima, aveva attirato davanti al tubo catodico l'83% degli statunitensi. Un record mai superato, neanche da eventi straordinari e unici, come lo sbarco sulla luna del 1969. Quella notte del '64, raccontano le cronache, perfino i reati subirono un calo. Quasi che anche "i ladri si fossero fermati per vedere i Beatles", come fece ironicamente (ma non troppo!) osservare George Harrison. La richiesta di biglietti per la serata a New York fu enorme: lo stesso conduttore del programma ci scherzò sopra in diretta la settimana precedente, ma nei fatti le richieste eccedettero di innumerevoli volte la disponibilità del teatro. Nessuno aveva intenzione di mancare l'appuntamento con la storia.

La lista dei musicisti che hanno raccontato, nei decenni successivi, di essere stati "fulminati" dall'apparizione dei quattro di Liverpool nello studio 50 della CBS al 1697 di Broadway, a pochi isolati da Central Park è lunghissima. Ci basterà ricordare in proposito le parole di un paio dei loro maggiori fan che presero spunto proprio da quello show per scegliere la carriera artistica. Il pianista e performer Billy Joel, che finora ha venduto 150 milioni di dischi, all'epoca quindicenne, ha detto: "Quell'unica esibizione ha cambiato la mia vita. Fino a quel momento non avevo mai preso in considerazione l'idea di suonare la mia musica come carriera. E quando ho visto quattro ragazzi che non sembravano usciti dalla fabbrica delle star di Hollywood, che suonavano le loro canzoni con i loro strumenti, e soprattutto soffermandomi sullo sguardo di John Lennon, che sembrava dire sempre: "Fanculo!" ho pensato: 'Conosco questi ragazzi, posso relazionarmi con questi ragazzi, io sono questi ragazzi'. È quello che farò: suonare in un gruppo rock". Simile il commento di un'altra stella di primissima grandezza del panorama musicale del pianeta, Bruce Springsteen, anch'egli teenager all'epoca e fan pure di Presley: "Sembravano dei silenziosi dell'Olimpo. Era come se il tuo futuro ti guardasse in faccia. Ricordo di aver pensato: 'È troppo bello. Non ci arriverò mai, amico, mai". E poi, in una fanzine, mi sono imbattuto in una foto dei Beatles ad Amburgo. Avevano giacche di pelle, acconciature pompadour e facce con tracce di acne. Mi sono detto: "Aspetta un attimo, quelli sono gli stessi tipi con cui sono cresciuto, solo che questi sono dei ratti del porto di Liverpool".

Quindi, a parte le giacche Nehru e il taglio di capelli, loro sono la mia cricca. Sono molto più fighi di me, ma sono comunque solo ragazzi. Ci deve essere un modo per arrivare lì da qui".

Carriera fulminante

A che punto era la carriera dei Beatles nel 1965, quando per la prima e ultima volta misero piede nel nostro Paese? La band che aveva esordito tre anni prima col singolo di debutto "Love Me Do" pubblicato il 5 ottobre 1962, aveva – a quel punto – prodotto per il mercato britannico e internazionale quattro album. "Please, Please Me" (edito il 22 marzo 1963); "With the Beatles" (22 novembre 1963); "A Hard Day's Night" (nei negozi il 26 giugno 1964 in America e il 10 luglio nel Regno Unito) e "Beatles for Sale" (4 dicembre 1964). A questi vanno ovviamente sommati innumerevoli altri impegni, per un gruppo che sembrava non fermarsi mai. Avrebbe detto il manager George Martin che "… a quel punto erano piuttosto provati. Il successo è una cosa meravigliosa, ma è molto, molto stancante. Erano sempre in movimento".

Alla corposa produzione citata, vanno aggiunti i due dischi (e che dischi!) dati alle stampe proprio nel 1965: "Help!" (6 agosto in Gran Bretagna, 3 agosto negli Usa) e "Rubber Soul" (rispettivamente in vendita il 3 e il 6 dicembre sulle due sponde dell'Atlantico). Analizzando i singoli, entro i primi mesi del 1965 ne erano già usciti nove: dal già nominato "Love Me Do"/" P.S. I Love You" di trentasei mesi prima fino a " Ticket to Ride"/"Yes It Is" del 9 aprile di quell'anno. Tra loro anche "She Loves You"/"I'll Get You" del novembre '63 che sarebbe diventato il più venduto della band. Entro dicembre, poi, sarebbe arrivato un altro pezzo forte, "We Can Work It Out"/"Day Tripper". Tutto ciò senza dimenticare, naturalmente, la registrazione della pellicola di Richard Lester "A Hard Day's Night" presentata in anteprima mondiale al Pavillion Theatre di Shaftesbury Avenue a Londra il 6 luglio 1964 e su cui torneremo tra poco.

Dal vivo

L'attività principale, tuttavia, rimaneva quella dal vivo che era iniziata ben prima della pubblicazione anche solo del quarantacinque giri di debutto: testimoni oculari e filmati dell'epoca provano quantomeno a riportarci l'atmosfera del Cavern Club di Mathew Street e degli innumerevoli luoghi fumosi e dall'acustica rivedibile nei quali la formazione si era esibita, soprattutto a Liverpool. Compresi i discutibili locali amburghesi, naturalmente. Una serie di "postacci" poco sopra il minimo sindacale, con una frequentazione che è fin troppo diplomatico definire "eterogenea". Ai giovanissimi inglesi (i Beatles non erano gli unici a compiere la traversata dalla madrepatria fino al porto anseatico all'epoca, molte delle altre band, come loro, venivano dalla zona della Merseyside) era chiesto soprattutto di suonare. Suonare sempre, anche con attrezzature di fortuna, anche davanti a un pubblico spesso poco interessato ma che comunque, se c'era una cosa che non voleva ascoltare, era il silenzio. Così i "Fab Four" si erano creati un proprio stile chiassoso e che attingeva anche alle qualità dell'improvvisazione. Realizzando – lo diranno loro stessi poi più avanti – una sorta di legame telepatico che si rivelerà vincente nella chimica necessaria per fare di un gruppo un grande gruppo. Esperienze che si possono fare solo sul campo e che nessuna scuola avrebbe potuto insegnare. Peraltro, quello tra i quattro di Liverpool e l'istruzione era sempre stato un rapporto che possiamo facilmente definire conflittuale. Ringo con la sua salute cagionevole, George col rifiuto di perdere tempo e vista sui libri, in particolare, non potevano certo vantare i crediti dei rampolli della borghesia ammessi nelle esclusive - ma poco divertenti - scuole private del Regno. In compenso, in fatto di musica, ci sapevano fare.

Lasciandoci però alle spalle i catarrosi bistrot di St Pauli e tornando all'attività musicale più vicina all'epoca di cui ci stiamo interessando, un elenco completo di questi spettacoli, brevi ma spesso ripetuti anche più di una volta al giorno, sarebbe verosimilmente stucchevole e, soprattutto, riempirebbe diverse pagine di testo. Basti dire che, a partire dalla serata alla Co-operative Hall di Nuneaton nel Warwickshire del 5 ottobre 1962, (in concomitanza con l'uscita del primo singolo) l'attività della band era stata pressoché frenetica, comprendendo anche una doppia, ultima residenza nel porto tedesco tra novembre e dicembre di quello stesso anno. A questo periodo appartengono il tour invernale con Helen Shapiro di febbraio/marzo 1963, e quelli primaverili, prima con gli "yankees" Tommy Roe e Chris Montez e poi – tra maggio e giugno – con il grandissimo e compianto texano di Vernon, Roy Orbison. Show che contribuirono a diffondere il mito dei Beatles attraverso tutta la nazione.

Il 25 ottobre 1963 partì poi un'altra avventura straordinaria per il quartetto: quella sera nella Nya Aulan della scuola Sundsta a Karlstad, nella provincia di Varmland a circa trecento chilometri da Stoccolma, prese il via il tour svedese. Nell'occasione la band, supportata da due gruppi locali, gli Svend Miller's Popstars e The Phantoms, si esibì davanti a circa seicento persone in nove canzoni, di cui tre cover, per complessivi venticinque minuti. Il tour durò cinque giorni con nove show e fu condito anche da un'apparizione nel programma "Drop In" della tv scandinava che venne poi trasmessa all'inizio di novembre.

Fu proprio di ritorno da Stoccolma che si ebbe un primo, vero, assaggio di quella che poi sarebbe stata definita la Beatlemania. A Heathrow ad attenderli, neanche fossero stati sulla luna o in chissà quale pericolosa missione, c'erano diecimila persone festanti: una folla strabocchevole che esibiva cartelli di bentornato, anche in favore delle numerose telecamere e dei reporter che erano stati attratti in aeroporto dal caos. All'inizio, i musicisti pensarono che tutte quelle persone fossero lì per vedere la Regina o qualche altro personaggio noto. E in un certo senso era proprio così.

Scorrere gli impegni nazionali dei "Fab Four" di quel periodo - a cavallo tra il 1963 e il 1964 - vuol dire elencare decine e decine esibizioni in città grandi e piccole del Paese. Da Scarborough a Leicester, da Southend on Sea a Bradford. Ovunque, lo show registrava il tutto esaurito: uno di questi spettacoli, quello del 7 dicembre 1963 all'Empire Theatre di Liverpool tenuto davanti a duemilacinquecento spettatori, venne filmato e trasmesso dalla BBC quella sera stessa poco dopo le 20 durante un programma intitolato "It's the Beatles". Purtroppo, la resa dell'interpretazione non fu ottimale a causa di problemi tecnici che afflissero l'intera operazione. Inoltre - e i quattro non mancarono di farlo notare a gran voce - sembrava che il regista non conoscesse la loro musica, tanto da stringere l'inquadratura sul membro sbagliato durante l'esibizione. Spesso, accadde sempre a Liverpool ma anche a Doncaster pochi giorni dopo, la BBC inviava una troupe per intervistare Paul, John, George e Ringo. Lo stesso avveniva per altre emittenti televisive, come quella australiana. Segno tangibile di un interesse crescente che sarebbe diventato presto inarrestabile.

Se il 1963 si concluse con il successo del "Christmas Show", l'anno successivo si aprì con un minitour oltre Manica, per saggiare la reazione del pubblico francese. L'eccitazione, per tutti, era notevole, la risposta invece fu così così:

all'aeroporto di Parigi, dove da Londra arrivarono Lennon, McCartney e Harrison - Starr rimase bloccato dalla nebbia più a nord, a Liverpool e avrebbe raggiunto i compagni successivamente - l'accoglienza venne definita "freddina". In tutto, i fan non sarebbero stati più di una sessantina. A questi vanno aggiunti i pochi che aspettavano davanti al George V, un hotel in stile art-deco inaugurato nel 1928, non lontano dall'Arc de Triomphe. In programma, una residenza di diciotto giorni al "Paris Olympia" preceduta da un'esibizione al Cinéma Cyrano a Versailles. Qui, di fronte a duemila spettatori, i Beatles suonarono al termine di una serata allietata anche dalla presenza sul palco del texano Trinidad "Trini" Lopez e della stella locale (ma di origine e nascita bulgara) Sylvie Vartan.

La presenza parigina non fu comunque scevra da tensioni, almeno intorno al gruppo. Durante un concerto, infatti, scoppiò nel backstage una rissa tra alcuni fotografi e ci mancò poco che i quattro non fossero coinvolti. Soprattutto negli spettacoli serali, la platea era composta da signori, magari anche attempati, in smoking. Non proprio il pubblico che ci si aspetta per un evento "giovanile" e molto diverso da quello a cui la band era già abituata. Il trionfo internazionale divenne "Beatlemania" con il già raccontato arrivo a New York e la presenza all'"Ed Sullivan Show". Ma non va dimenticato che in quel febbraio 1964 i Beatles avevano dato un assaggio delle loro qualità anche al pubblico americano accorso a vederli dal vivo dopo l'apparizione in tv. Solo quarantotto ore dopo aver calcato le scene del teatro di New York, infatti, i "Fab Four" si presentarono davanti agli ottomila novantadue spettatori che gremivano il Washington Coliseum e che gareggiavano per entusiasmo con gli oltre duemila che li avevano attesi alla Union Station. Il gruppo era stato accolto da scene di giubilo non appena sceso da "The Congressman", il treno della Pennsylvania Railroad che li aveva condotti dalla Grande Mela nella capitale federale.

Secondo i resoconti dell'epoca, i poliziotti presenti in sala (per la precisione trecento sessantadue) si sarebbero protetti i timpani dalle urla della folla mettendosi nelle orecchie dei proiettili. Con il pubblico tutto attorno a un palco centrale, durante lo show la batteria di Ringo venne spostata un paio di volte, girandola così che tutti potessero vederlo esibirsi. Lo spettacolo fu anche ripreso dalla CBS e mandato poi in onda nel marzo di quello stesso anno.

Questa la tracklist, diversa, come vedremo, da quella che proporranno l'anno successivo in Italia e nel corso dell'intero tour targato 1965: "Roll Over Beethoven", "From Me to You", "I Saw Her Standing There", "This Boy", "All My Loving", "I Wanna Be Your Man", "Please, Please Me", "'Till There Was You", She Loves

You", "I Want to Hold Your Hand", "Twist and Shout", "Long Tall Sally". Lo show sarà poi mandato in onda circa un mese dopo nei cinema americani.

Sul set

Il 1964 dei Beatles è anche l'anno di "A Hard Day's Night", inteso non soltanto come album ma anche come film. L'idea di mettere dei cantanti a recitare non era certo nuova. E qui, a chiunque viene in mente – tanto per cambiare – il nome di Elvis Presley.

Il rocker di Tupelo, a quel punto, aveva già interpretato quattordici pellicole e quell'anno sarebbe arrivato nella sale con due dei titoli più celebri della sua corposa filmografia: "Viva Las Vegas", in uscita a maggio e "Roustabout", distribuito invece a novembre. Nel primo, per una volta proposto con lo stesso titolo dell'originale anche da noi, interpreta Lucky Jackson, scavezzacollo pilota da corsa con il "vizietto" del gioco, alle prese con i rischi dell'azzardo. A distrarlo anche le conturbanti forme della bella di turno, in questo caso la due volte candidata all'Oscar Ann Margret. Una bionda "tutta curve", come si usava dire all'epoca, che, per la cronaca, fece girare la testa al collega anche nella vita. In "Roustabout" (arrivato in Italia col titolo "Il cantante del luna park"), Elvis interpreta il musicista Charlie Rogers e accanto a lui recita Barbara Stanwyck. Due pietre miliari di un genere, quello musicale, molto in voga all'epoca anche in Gran Bretagna e in cui si inseriranno perfettamente le pellicole targate Beatles.

Nel 1963, per esempio, era uscito "Summer Holiday" (diretto da un esordiente Peter Yates, lo stesso di "Bullitt" del 1968) con protagonista il cantante Sir Cliff Richard che nella sua carriera ha raggiunto oltre 130 volte la top 20 inglese. L'anno successivo la formula si ripeté con "Wonderful Life", sempre con Sir Richard protagonista e, dietro la macchina da presa, un altro nome non trascurabile, Sidney J. Furie. Dodici mesi dopo, il regista si sarebbe dato allo spionaggio con

"Ipcress", nel quale diresse Sir Michael Caine.

"A Hard Day's Night" (in italiano "Tutti per uno") venne girato in un lungo arco di tempo nei primi sei mesi del 1964. Intanto, il gruppo era continuamente alle prese con altri impegni, dalle interviste ai concerti alle apparizioni in televisione. A dirigere il tutto, la band, d'accordo con il manager Brian Epstein, scelse l'allora trentaduenne (nativo di Philadelphia, Pennsylvania) Richard Lester Liebman. Dopo aver lavorato molto in tv, tanto al di là che al di qua dell'Atlantico, aveva debuttato al cinema nel 1962 con il musical "It's Trad, Dad": tra i protagonisti la appena quindicenne cantante londinese di Bethnal Green Helen Kate Shapiro e il concittadino del regista Ernest Evans, meglio noto al pubblico musicale con il nome d'arte di Chubby Checker (quello del mega successo targato 1960 "The Twist"). La sceneggiatura venne affidata a Alun Owen, autore gallese di nascita che aveva conquistato l'attenzione del pubblico grazie ai testi della commedia in musica "Maggie May", in scena proprio in quel 1964 e ispirata al personaggio della prostituta protagonista dell'omonima piccante ballata traditional di Liverpool. Il film vuole raccontare proprio la vita frenetica alla quale erano sottoposti i "Fab Four", stretti tra mille impegni e soffocati, a volte letteralmente, dalla passione inarrestabile dei fan.

Azioni rocambolesche, dialoghi pungenti, coloriti dal marcato accento "scouser" dei quattro protagonisti e – naturalmente – la musica. Come colonna sonora vennero scelte dodici canzoni: "A Hard Day's Night", "I Should Have Known Better", I Wanna Be Your Man", "Don't Bother Me", "All My Loving", "If I Fell", "Can't Buy Me Love", "And I Love Her", "I'm Happy Just to Dance With You", "This Boy", "Tell Me Why", "She Loves You".

Oltre a dipingere trentasei ore della vita della band, la pellicola – nelle parole dello stesso Lester – si proponeva di rappresentare, "quello che a quanto pare stava diventando un fenomeno sociale in questo Paese", ovvero "la sicurezza che i ragazzi emanavano. La sicurezza di potersi vestire come volevano, parlare come volevano, rivolgersi perfino alla Regina come volevano, o (qui riferendosi a una scena del film NDA) con le persone incontrate sul treno che "avevano combattuto la guerra per loro" come volevano".

A colpire nel segno fu anche l'innata propensione dei "Fab Four" per l'irriverenza, lo sberleffo, tratto peraltro caratteristico degli abitanti di Liverpool che non a caso spesso ripetono con malcelato orgoglio: "We're not English, we're Scousers". Al momento della distribuzione negli Usa, qualche zelante pezzo grosso della casa di produzione americana United Artists ebbe la brillante idea di proporre che i dialoghi fossero doppiati "in inglese" per renderli più comprensibili al pubblico a stelle e strisce. Idea che, per fortuna, fu accolta con una gran risata e immediatamente accantonata. Proprio il buon umore che emanava dallo schermo fu uno degli elementi di questo film capace di conquistare pubblico e critica.

Bosley Crowther, per ventisette anni commentatore cinematografico del "New York Times" scrisse che "era terribilmente difficile resistere" alla comicità delle scenette. Prese sul serio da un altro esperto, Andrew Sarris che su "Village Voice" parlò di questa pellicola come del ""Citizen Kane" del musical jukebox", scomodando nientemeno che il film capolavoro di Orson Welles, noto da noi come "Quarto potere". Anche personaggi poco propensi ad amare i Beatles scoprirono qualcosa di nuovo in "A Hard Day's Night": lo storico e intellettuale Arthur Schlesinger Jr (che nella sua vita aveva lavorato anche nel gabinetto del presidente Kennedy) scrisse queste parole: "Ci si avvicinava ai Beatles con apprensione, conoscendo solo la pettinatura idiota e il lamento malinconico. Ma i Beatles sono l'essenza senza tempo dello sforzo adolescenziale di affrontare le assurdità del mondo adulto".

La presentazione del film – anticipando di pochi giorni l'uscita del disco che ne sarà la colonna sonora – avvenne il 6 luglio 1964 al London Pavillion, a Piccadilly Circus: il nodo centrale del traffico londinese fu chiuso alla circolazione e invaso da dodicimila fan. Alla proiezione, per assistere alla quale il biglietto costava 15,75 sterline e i cui proventi andarono in beneficenza, furono presenti anche la Principessa Margaret, sorella minore di Elisabetta II, e il marito, Anthony Armstrong-Jones, primo conte di Snowdon, fotografo, designer e filantropo. A quel punto, i "Fab Four" erano già tornati dalla trionfale tournée che li aveva portati prima nel nord Europa e quindi in estremo oriente, a Hong Kong e poi in Oceania. Qui si poté toccare con mano come la "Beatlemania" fosse diventata un fenomeno collettivo globale che presentava anche degli aspetti inquietanti.

All'arrivo al Mascot International Airport di Sydney (mancava Ringo rimasto in patria per una tonsillite e sostituito, per le prime date, dal londinese Jimmy Nicol come abbiamo già accennato) ad aspettarli c'era un paio di migliaia di fan, nonostante la pioggia battente. Durante una improvvisata parata a bordo di un camion avvenne un incidente che conferma quanto stiamo dicendo a proposito dell'aura che circondava i quattro di Liverpool. Una donna corse incontro al mezzo, tenendo in braccio un bimbo di circa sei anni, affetto da un problema celebrale. La madre pensava che i Beatles potessero guarirlo.

Un'esperienza messianica che lasciò non poco scombussolati i quattro e che, per fortuna, si concluse senza incidenti. Il tour proseguì in Nuova Zelanda, in un tripudio di folla e nonostante un inspiegabile malcontento da parte delle autorità locali e della polizia che rifiutò, a Wellington, di scortare la band, sebbene quasi cinquemila persone tentassero di intralciare i loro spostamenti.

In America

L'evento che marcò più nettamente, tuttavia, la seconda parte del 1964 fu il nuovo e molto più esteso, tour americano. Venticinque concerti in trentuno giorni con partenza il 19 agosto dal Cow Palace di San Francisco.

Poco più di trenta minuti (tanto il pomeriggio che la sera) per esibirsi in un set di dodici canzoni: "Twist and Shout", "You Can't Do That", "All My Loving", "She Loves You", "Till There Was You", "Roll Over Beethoven", "Can't Buy Me Love", "If I Fell", "I Want to Hold Your Hand", "Boys", "A Hard Day's Night", "Long Tall Sally". Una scaletta che rimarrà più o meno invariata lungo tutto il viaggio che li portò, tra le altre, a Las Vegas, Cincinnati, New York, Los Angeles, Chicago, Detroit, Boston, Baltimora. In quest'ultima città si registrò il record di presenze: al Civic Center, il 13 settembre, c'erano ventottomila spettatori. Ma l'appuntamento per molti versi più significativo rimane quello dell'11 settembre - data che, evidentemente, è destinata a fare storia, in America e non solo lì - a Jacksonville in Florida.

Con l'esclusione della tappa di Dallas, questo era l'unico concerto previsto nel sud degli Usa e più precisamente in quella che viene definita la "Bible Belt": l'area di maggiore influenza del conservatorismo religioso estremista, allora come oggi molto in voga negli Usa. Una zona nella quale la segregazione razziale era ancora un problema grave e parzialmente irrisolto. E questo nonostante fosse passato già quasi un decennio dal gesto di rivolta della sarta Rosa Parks che, rifiutando di lasciare il proprio posto a un bianco sul bus diretto a Cleveland Avenue a Montgomery, Alabama, aveva dato il via alla protesta del movimento per i diritti civili sotto la guida del Reverendo Martin Luther King Jr.

Lo show, previsto per le 20 e 30 al Gator Bowl, con biglietti d'ingresso a quattro e cinque dollari, rischiò di saltare quando la band seppe che si sarebbe esibita davanti a un pubblico rigidamente diviso: i bianchi da una parte (la migliore, quella con più visibilità e, forse, anche un'acustica più decente), e i neri dall'altra. Segregati lontano dal palcoscenico in un'assurda e inaccettabile divisione. Un'aberrazione che i "Fab Four", gente spiccia, della classe operaia e per di più di provenienza da una città di mare, per definizione aperta ad accogliere chiunque e mettere tutti sullo stesso piano, non potevano accettare. Inoltre, la decisione era in aperto contrasto con quanto stabilito dal "Civil Right Act", la legge sull'eguaglianza firmata da Lyndon Johnson – nel nome di JFK che, forse, pochi mesi prima era morto proprio per questo, guarda caso a Dallas - nel luglio di quello stesso anno. Spalleggiati da Epstein, un borghese ma di ascendenza ebraica, con tutto quello che ciò significava a meno di due decenni dalla fine della Seconda guerra mondiale, i quattro musicisti posero il veto.

O la segregazione veniva cancellata o niente concerto. Alla fine, le autorità locali, preoccupate dal fatto di avere già oltre ventimila spettatori ai cancelli, cedettero. Forse anche per le pressioni del sindaco della città, appena eletto e ancora non ufficialmente in carica, Lou Ritter, un democratico antisegregazionista. Le porte vennero aperte a tutti indistintamente e sono molte le testimonianze di persone di colore che raccontarono di essersi trovate, per la prima volta, fianco a fianco in un'arena con dei bianchi. La serata – minacciata, tra l'altro, dall'arrivo del ciclone Dora – si svolse senza nessun incidente. Ma segnò un punto di svolta nella cancellazione della politica di rigida separazione razziale, almeno per gli eventi musicali e sportivi della Florida.

Fine anno

Tornati dal trionfale tour nordamericano – che sarebbe poi stato replicato anche nel 1965 con il successo incredibile dello Shea Stadium – i Beatles si rituffarono nella loro routine a tutta velocità. Alternando i concerti in giro per la Gran Bretagna – da Glasgow a Bournemouth, da Ipswich a Dundee – alle apparizioni in programmi tv come "Top of the Pops" e "Thank Your Lucky Stars" all'attività di registrazione. Il 4 dicembre, infatti - preceduto di pochi giorni dal singolo "I Feel Fine" - ecco arrivare il quarto album "Beatles For Sale", atteso da pubblico e critica con trepidazione.

Tanto che i preordini superarono le settecento cinquantamila copie e l'Lp, a partire dal 12 dicembre, restò in classifica per quarantasei settimane, di cui sette consecutive al primo posto. Alla fine, risultò il più venduto di quell'anno e il secondo del 1965. Un successo enorme, d'altronde nel '64 la Beatlemania era al suo picco, nonostante per completare questo disco venissero utilizzate anche canzoni "d'annata", magari scritte mesi e mesi prima, inserite per raggiungere la quota di quattordici pezzi. Ancora una volta, la produzione firmata Lennon/McCartney ("No Reply", "I'm a Loser", "Baby's in Black", "I'll Follow the Sun", "Eight Days a Week", "Every Little Thing", "I Don't Want to Spoil the Party") venne affiancata da pezzi storici del repertorio di altri artisti ("Rock and Roll Music" di Chuck Berry, "Mr Moonlight" di Roy Lee Johnson, "Kansas City/ Hey Hey Hey" scritta da Jerry Leiber, Mike Stoller e Richard Penniman, "Words of Love" di Buddy Holly", "Honey Don't" e "Everybody's Tryin' to Be My Baby", entrambi di Carl Perkins). Considerato dallo stesso Paul, "praticamente lo spettacolo live con l'aggiunta di altre canzoni", il disco venne acclamato dalla critica che lo definì, nelle parole di Derek Johnson del "New Musical Express", "degno di ogni penny che viene richiesto". In una recensione per la BBC, il critico musicale e biografo, tra gli altri dei Clash, David Quantick parlerà negli anni successivi di opera "gioiosa, zeppa d'inventiva ed eccitante".

Dopo questo tour de force clamoroso, i quattro musicisti erano allo stremo delle forze e in dicembre si fermarono per alcuni giorni anche perché Ringo dovette essere operato per la rimozione delle tonsille: problema che non gli impedì di salire sul palco dell'Hammersmith Odeon di Londra per "Another Beatles Christmas Show", in scena dal 24 dicembre al 16 gennaio.

Uno spettacolo di intrattenimento completo al quale parteciparono come ospiti band come gli Yardbirds (gruppo attraverso il quale sono transitati nel tempo i chitarristi Eric Clapton, Jeff Beck e Jimmy Page) e comici come l'irriverente

Sir James (Jimmy) Savile. Quest'ultimo, finirà poi coinvolto in uno scandalo a fondo sessuale molti anni dopo, tanto è vero che il documentario sulla sua vita (girato dopo la scomparsa avvenuta nel 2011) si intitola "Jimmy Savile: a British Horror Story".

1965

Se il 1964 era stato un anno a tutta velocità, il 1965 iniziò con una relativa quiete. Relativa perché nel frattempo, mentre gli altri erano in giro per il mondo a godersi delle meritate vacanze, Ringo scelse proprio questo momento per sposare la sua storica compagna, Maureen Cox. Una ragazza di Liverpool, di professione hair stylist e con cui avrà tre figli. Alla cerimonia alla Caxton Hall di Westminster a Londra parteciparono John e George ma non Paul che nel frattempo si trovava all'estero con la sua fidanzata di allora Jane Asher. Era presente anche Brian Epstein, con tanto di gesso per la frattura di un piede che si era procurato sulla neve. Ma il periodo di bonaccia finì per lasciare presto campo alla consueta girandola di impegni. C'era da registrare un disco, preparare una tournée (e stavolta ci riguarderà eccome) e anche da girare un secondo film. Già in febbraio, dopo aver iniziato a lavorare su alcune canzoni – "Ticket To Ride", "Another Girl", "I Need You", "Yes It Is" – il gruppo si imbarcò con una nutrita crew, in tutto settantotto persone, su un aereo con destinazione Nassau, alle isole Bahamas. Laggiù sarebbero cominciate le riprese di "Help!" poi proseguite in Austria e quindi in Gran Bretagna.

Una scelta, quella dell'arcipelago caraibico, dettata in parte anche da motivi fiscali e che comunque valse alla band un periodo di "quasi vacanza". Nei racconti degli stessi protagonisti, riportati soprattutto sulla immensa "Anthology", si parla di corse in auto, di giorni a crogiolarsi al sole (ma senza abbronzatura per motivi cinematografici!) e soprattutto di tantissime risate.

Talmente tante da suscitare quasi l'ira del regista, Richard Lester, nonostante gli stessi musicisti lo definissero "un tipo molto tollerante". La causa di tutta questa ilarità, lo ribadiscono i "Fab Four" in persona, andava fatta risalire al massiccio uso di marijuana: "ci facevamo anche colazione" dirà poi John. A portarla sul set, l'attore e cantante americano Brando De Wilde, buon amico della band, che perirà poi tragicamente in un incidente stradale a Denver nel 1972.

Le riprese continuarono per tutto il mese di marzo, come detto prima sulle nevi austriache e quindi a Londra, e in aprile, inframezzate da qualche impegno televisivo o delle rare apparizioni in spettacoli pubblici. Nello stesso periodo si registrò pure l'uscita del singolo "Ticket To Ride", pubblicato il 9 aprile in patria e il 19 dello stesso mese negli Usa. Pochi giorni prima era arrivato nei negozi britannici anche "Beatles For Sale", ottavo Ep della band, contenente quattro canzoni ("No Reply", "I'm a Loser", "Rock and Roll Music", "Eight Days a Week") destinato ovviamente al primo posto delle classifiche. Le novità si susseguivano a ritmo serrato in quei giorni frenetici: un concerto di Dylan, attraverso il quale fecero conoscenza con un altro grande della poesia, Irwin Allen Ginsberg, la cinquantaduesima e ultima apparizione radiofonica alla BBC, una rapida puntata di John, con la moglie Cynthia al Festival di Cannes. Sulla Croisette Richard Lester vinse il "Grand Prix" per il film "The Knack... And How to Get It", in italiano "Non tutti ce l'hanno", un divertente e profondo ritratto della "swinging London" di quegli anni.

La vera "notizia bomba" di quel periodo, tuttavia, arrivò pochi giorni dopo e da un indirizzo decisamente inaspettato: Buckingham Palace, London SW1AA, UK, la residenza reale. Ai Beatles fu recapitata una lettera nella quale si chiedeva se avrebbero accettato il "Most Excellent Order of the British Empire", ovvero il cavalierato che significa anche il titolo di "baronetto". Stiamo parlando della massima riconoscenza che, dalla sua istituzione nel 1917, possa ricevere un suddito della Corona.

Secondo la prassi, ai candidati – indicati da un personaggio in vista della scena politica e sociale del Paese, in questo caso il primo ministro Harold Wilson, parlamentare eletto proprio nel distretto di Liverpool – viene chiesta la loro intenzione prima di rendere la notizia pubblica. In caso di rifiuto, la proposta decade ed è mantenuta riservata. Altrimenti, in una cerimonia solenne, si riceve, nel 1965 dalle mani di Sua Maestà Elisabetta II, la medaglia di cuoio intarsiata in legno che, per prassi, non si indossa mai. I "Fab Four", avvertiti da Epstein, dibatterono a lungo tra loro se accettare o meno. John in particolare – che restituirà il riconoscimento solo quattro anni dopo per protesta contro le attività del governo di Londra – era tormentato dal dubbio di "tradire i propri principi".

In generale, lo spirito "scouser", irriverente e contrario al potere costituito, si manifestò nei tanti dubbi che i musicisti dovettero superare prima di dare il proprio assenso. Non va dimenticato che, se oggi un gesto simile ci pare logico, vista la popolarità e il successo che i Beatles hanno avuto e continuano ad avere e che li ha resi degli ambasciatori del Regno Unito nel mondo, tale riconoscimento era tutto meno che scontato all'epoca.

La nomina a "baronetti" dei quattro di Liverpool significò, infatti, un'apertura da parte dell'establishment più conservatore – e non esiste nulla di più tradizionale e tradizionalista della monarchia inglese – verso tutto ciò che Lennon, McCartney, Harrison e Starr rappresentavano.

Ovvero, un nuovo soggetto sociale e anche politico, quello dei giovani, a cui veniva data, ed era la prima volta in assoluto, una visibilità e un credito fino a quel momento impensabili. Un discorso acuito dalla consapevolezza che, fra coloro che avevano ricevuto l'onorificenza in passato, soprattutto militari, ci furono alcuni che si dissero "scandalizzati" e restituirono la medaglia in segno di protesta. Un vecchio mondo di privilegi, cieco e sordo, che faticava a stare al passo coi cambiamenti sociali: se vi sembra un discorso da applicare soltanto a epoche passate vi state sbagliando di grosso.

Ultimo passo

Ormai la tournée europea, quella che più ci interessa e ci riguarda, era alle porte ma, prima di partire per il giro tra Francia, Italia e Spagna, i "Fab Four" avevano un altro appuntamento con la storia. Se vogliamo a tutti i costi dare una data precisa – e un poco ci piace farlo – dobbiamo prendere in considerazione quella del 14 giugno. Quel pomeriggio i Beatles si erano già trovati in studio per perfezionare un paio di canzoni per il vinile di "Help!", "I've Just Seen a Face" e "I'm Down". Ma la magia – se ci sono altri modi per esprimere quello che stava per accadere, chi scrive non riesce a trovarli – avvenne nella sessione serale, a partire dalle diciannove. Paul McCartney, al pianoforte, iniziò la registrazione di un brano che aveva in testa da tempo e che avrebbe perfezionato, parole sue, nel corso di una brevissima vacanza in Portogallo del mese precedente. Gli altri, almeno George, erano presenti in sala di incisione ma non intervennero in alcun modo.

Solo con il pianoforte, il bassista diede vita a uno dei capolavori di tutti i tempi della musica. "Yesterday". Una canzone, un inno secondo alcuni, che gli sarebbe venuto in mente una mattina a casa di Jane Asher e che avrebbe iniziato a far sentire in giro temendo di plagiare la melodia da qualche altro brano, vista la chiarezza con cui l'aveva in testa.

Ma una cosa così non l'aveva scritta ancora nessuno. Una sfilata di note che sarebbero diventate una piccola ossessione, tanto che Harrison stesso ricorda sulla "Anthology" che Paul "non faceva che parlare di quello. Sembrava parlasse di Beethoven". Curioso anche l'aneddoto sul titolo provvisorio dato al brano, "Scrambled Eggs". Racconta John che una demo solo strumentale fosse stata registrata da George

Martin e addirittura pubblicata in nord America con questo nome.

Il gruppo, infatti, ricevette delle lettere di persone che mettevano in evidenza la "straordinaria somiglianza" con "Yesterday". La sostanziale differenza di questa creazione di McCartney rispetto a tutto il resto della produzione beatlesiana fece sì che la canzone non venisse pubblicata come singolo ma solo all'interno dell'Lp "Help!".

Solo una settimana dopo la nascita, per così dire "ufficiale" di "Yesterday", era arrivato il momento di chiudere le valigie e mettersi in moto. L'Europa (ancora una volta) li attendeva. La tournée prese il via il 20 giugno con due serate al Palais des Sport di Parigi alla Porte de Versailles a poche centinaia di metri dalla Senna, seguite dalle date previste a Lione al Palais d'Hiver, la più grande "music hall" d'Europa fino al suo smantellamento, avvenuto nel 1988, oggi sostituita da un triste quartiere d'affari.

Proprio dalla città alla confluenza tra il Rodano e la Saona, i Beatles salirono sul Trans Europe Express che il 23 giugno 1965 portò la leggenda della musica a varcare le Alpi e sbarcare a Milano, prima tappa del minitour nel nostro Paese che li avrebbe accompagnati anche a Genova e infine a Roma, prima di ripartire per Nizza. È proprio su questi appuntamenti che ci concentreremo nel prossimo capitolo.

PARTE II

Italian Beatles

C i siamo, dunque. Il fatidico giorno è arrivato. È il 23 giugno del 1965, un mercoledì. Alla stazione Centrale di Milano, dominata dal suo simbolo, la statua di Pegaso, si riuniscono circa duemila persone, tra gli sguardi sorpresi, incuriositi e in qualche caso infastiditi dei pochi viaggiatori ancora in circolazione a quell'ora. Sono le 23 e 30.

Al binario 16, in particolare, c'è una gran ressa "domata con i manganelli" si legge minacciosamente in una cronaca dell'epoca. Secondo gli annunci, è lì che si fermerà il Trans Europe Express proveniente da Lione con a bordo i Beatles, per la prima volta in Italia.

L'eccitazione è palpabile, la folla – composta principalmente da ragazzi "accaldati e frenetici", (riporterà l'autorevole "Corriere della Sera" il giorno dopo) ma non mancano i reporter – è in fermento. Tanto da non accorgersi che, non annunciato, il treno entra in stazione da un binario più defilato, il numero 3, e che i quattro "baronetti" vengono fatti scendere e caricati su un'auto che li porta alla loro residenza meneghina, l'Hotel Duomo, a pochi passi dall'edificio simbolo della città.

L'albergo affaccia su quello che, solo quattro anni dopo, diventerà il luogo più tristemente noto del Paese, Piazza Fontana: teatro, il 12 dicembre 1969, del vile attentato alla Banca Nazionale dell'Agricoltura. Passo fondamentale della storia nazionale del dopoguerra, primo terribile marchio della "strategia della tensione" capace di insanguinare l'Italia per un decennio e oltre. Di tutto questo, per fortuna, all'epoca non si sapeva nulla. Milano è ancora ubriaca per la vittoria – ottenuta il 27 maggio – dell'Inter che battendo a San Siro i portoghesi del Benfica si è guadagnata la sua seconda Coppa dei Campioni consecutiva. La stessa sera del 23 giugno a Torino la Juventus perde a sorpresa la finale di Coppa delle Fiere contro gli ungheresi del Ferencvaros e la nazionale di calcio si prepara a Helsinki a una partita chiave sulla strada del mondiale del 1966. Quello inglese, quello dell'umiliazione subita dalla Corea del Nord.

Si parla anche di un ragazzo di Sedrina, provincia di Bergamo. È appena diventato ciclista professionista e sta vincendo il Tour de France, teatro di scontro da sempre tra i campioni delle due ruote nazionali e transalpini. Si chiama Felice Gimondi e farà parlare parecchio di sé negli anni a venire. In quelle settimane, poi, giornali e rotocalchi informano il pubblico su un evento eccezionale avvenuto a Torino. Il 10 maggio, all'ospedale pediatrico Regina Elena, le due gemelle siamesi Giuseppina e Santina, di sette anni, sono state separate da un'equipe di 24 medici, guidata dal professor Enrico Ciocatto. Mai nessuno, in Europa, aveva tentato un simile azzardo. Le due bambine – unite per il bacino - sono sopravvissute e una di loro è viva ancora oggi, al momento di scrivere questa storia. Si parla anche della visita di Soraya a Parigi, della questione dei confini di Israele, del vaccino contro la rabbia e della possibilità che Ezio Pascutti da Chiasellis lasci il Bologna per andare al Milan: il suo allenatore, il leggendario Manlio Scopigno, si oppone al trasferimento.

Prima di raccontare delle giornate e degli spettacoli che i Beatles avrebbero regalato ai loro fan italiani, è interessante fare un excursus sul Paese che i "Fab Four" trovano ad accoglierli.

Secondo i dati ufficiali, i connazionali in quel

momento sono poco meno di 51 milioni e mezzo, in crescita di due milioni di unità rispetto a cinque anni prima. (Istat 1961). I "giovani", compresi nelle fasce d'età tra i 15 e i 25 sono quasi otto milioni. Sull'istruzione siamo ancora indietro: solo il 27,8% è iscritto alle scuole secondarie superiori. L'8% della popolazione è analfabeta.

Nel dicembre dell'anno precedente, alla presidenza della Repubblica è stato chiamato, al termine di una trattativa estenuante tra i maggiori partiti nazionali, il sessantasettenne social democratico Giuseppe Saragat, fino a quel momento ministro degli Esteri. Al governo, dal 5 dicembre 1963, c'è un "quadripartito" formato dalla Democrazia Cristiana e dai partiti Socialista, Socialdemocratico e Repubblicano con, alla guida, Aldo Moro, alla prima esperienza da leader dell'esecutivo.

Curiosità: non ci sono ministri donne, la presenza femminile è "garantita" soltanto da due sottosegretarie, una all'industria e l'altra all'istruzione.

La compagine è destinata a governare per 231 giorni ma la sua importanza va oltre la mera questione temporale. Si tratta, infatti, della prima volta di un governo di "centro sinistra organico", secondo la definizione dell'epoca. Ovvero con il Partito Socialista impegnato direttamente e non limitato all'appoggio esterno, come successo fino a quel momento. Uno "strappo" significativo nella storia del dopoguerra. La sua vita non sarà facile, stretto tra la volontà di portare avanti riforme strutturali necessarie allo sviluppo del Paese e la necessità di affrontare, con provvedimenti a volte impopolari - basti pensare all'aumento del prezzo della benzina - la minaccia inflazionistica, sempre più presente e arrivata all'8% nel 1965.

Dal punto di vista economico, infatti, l'Italia vive un periodo di relativa stagnazione dopo gli anni dell'eccitante boom che aveva restituito linfa a una nazione uscita a pezzi da venti anni di dittatura e cinque di guerra. Il "Belpaese" è comunque in condizioni migliori rispetto a quelle di alcuni dei vicini europei. Un operaio percepisce, in media, uno stipendio di 86mila lire. Ne servono 640mila per acquistare una Fiat Seicento, 50 per un giornale, 25 per un biglietto dell'autobus (a Roma), 170 per un chilo di pane, 245 per un litro di benzina, 12mila per un abbonamento alla tv.

A proposito, gli apparecchi televisivi in Italia sono intorno ai sei milioni (dati Istat). In crescita anche le radio e soprattutto i juke box, introdotti da noi dalla fine degli anni Quaranta, nonostante qualche resistenza: tanto che a qualcuno viene in mente di chiedere, in quel 1965, una "estate silenziosa". Lo scopo è ridurre la presenza di queste "scatole urlanti" (definizione dell'epoca) e garantire un meritato riposo ai connazionali in villeggiatura. Nel 1965 – in aprile per la precisione – esce anche il primo volume della collana degli "Oscar" per Mondadori. A sole 350 lire è possibile acquistare "Addio alle armi" di Ernest Hemingway. Un atto di coraggio che apre la porta ad altre collane "tascabili", come quelle di Garzanti e Feltrinelli e che contribuisce a fare di quella la generazione di italiani che più di ogni altra si dedica alla lettura. In tv approdano "telefilm" (oggi si parlerebbe di fiction seriali) come "Il tenente Sheridan" e "Belfagor", ma anche l'intrattenimento di "Giochi senza frontiere". Al cinema, Federico Fellini presenta "Giulietta degli spiriti", Sergio Leone porta sullo schermo "Per qualche dollaro in più" con Clint Eastwood come protagonista, Luchino Visconti vince il Leone d'oro a Venezia con "Vaghe stelle dell'orsa" con un'inarrivabile Claudia Cardinale e Marco Bellocchio esordisce con "I pugni in tasca".

La musica

Nel settore musicale, l'Italia vanta, nel 1964, più di trentadue milioni di copie di dischi vendute, con una netta prevalenza dei "quarantacinque giri" che avrebbero superato i ventotto milioni. Le case discografiche sono oltre centoventi, molte dalla vita effimera ma, secondo stime, il volume d'affari quell'anno si attesterebbe sui quattro miliardi di lire. Siamo lontani dalle cifre dei Paesi anglosassoni, degli Usa in particolare, ma pure dalla Gran Bretagna dove si vendono all'epoca tre volte più copie che da noi. Anche lo storicamente proficuo (per i discografici) Festival di Sanremo, affidato a Gianni Ravera e giunto alla edizione numero quindici, conosce una improvvisa crisi di risultati.

La RCA, uno dei colossi della musica nazionale, ritira i propri cantanti per protesta contro l'organizzazione. Tra i nomi che non possono partecipare anche il favoritissimo Gino Paoli. Il successo va a Bobby Solo che, in coppia coi The New Christy Mistrels di Randy Sparks, interpreta "Se piangi se ridi", scritta da Mogol, Gianni Marchetti e lo stesso cantante romano. Il più premiato dal pubblico, invece, è Pino Donaggio (in coppia con la voce country nativa di Phoenix, Arizona, Jody Miller) con la sua "Io che non vivo (senza te)". Lo show rimesso in piedi dopo la defezione della RCA funge comunque come trampolino di lancio per molti "esordienti": da Fred Bongusto a Iva Zanicchi, da Kiki Dee (quella di "Don't Go Breaking My Heart" con Elton John di qualche anno dopo) a Ornella Vanoni e Bruno Lauzi.

Altra manifestazione di grande successo è il Cantagiro di Ezio Radaelli, giunto alla quarta edizione e che, nel 1965, prende il via proprio il 23 giugno. Sito del debutto di quella stagione dello spettacolo itinerante che attraversava l'Italia e non solo, lo stadio della Vittoria di Bari dove si registra anche una presenza "fuori programma": quella del tenore fiorentino Mario Del Monaco. Per la cronaca, la classifica finale è vinta da Rita Pavone, all'epoca ventenne e considerata tra le maggiori esponenti dell'ultima moda canora. Staccato di appena un'incollatura un già collaudato Gianni Morandi.

Quanto ai Beatles, i loro dischi appaiono sì e no nella top 50 nazionale. Solo "Please, Please Me" e "She Loves You" hanno avuto l'onore di essere tra i dieci più venduti. E per questo si è dovuta attendere una riedizione del 1964, dopo un deludente debutto l'anno precedente. Qualche melodia è riuscita a passare, comunque. Lo ha fatto attraverso l'uso – tutto italico – della traduzione. A realizzarle nomi non certo passati alla storia: Little Boys, Big Ben's e Mauro Cico e i quattro dell'iride, sono esempi di band che hanno tentato di sfondare con versioni in italiano di canzoni come "I Call Your Name", diventata "Io voglio te" e "Bad to Me" trasformata in "Il pacco azzurro". Quest'ultima, scritta da Lennon, era originariamente eseguita dallo "scouser" Billy J. Kramer con il gruppo the Dakotas.

Più rilevante il tentativo di un giovanissimo "urlatore" originario di un centro del bresciano, Nuvolento, Fausto Leali. Insieme al suo gruppo dei Novelty, ha pubblicato "Lei ti ama", ovvero "She Loves You" e la già citata, fantasiosa, riedizione nella lingua di Manzoni e Pascoli di "Please, Please Me" col suo refrain: "Tu vuoi che parli un po' d'inglese" che ha riscosso un relativo successo.

Nomi nuovi

La situazione della musica in Italia, come abbiamo già detto, rimaneva ancora ingessata e poco attiva, soprattutto se paragonata a quanto succedeva oltre Manica o al di là dell'Atlantico. Eppure, anche se a fatica e, come vedremo, sotto l'occhio critico della società "benpensante", qualcosa iniziava a muoversi anche da noi.

Ne sono un esempio le riviste di settore, una novità assoluta per queste latitudini e che videro la luce a partire dal 1963 con "Ciao amici". Tentativo neanche troppo velato di trasferire nel nostro Paese il successo di "Salut les copains", il magazine lanciato a fine giugno 1962 a Parigi da Frank Ténot e Daniel Filippacchi. Il mensile italiano, nato a Milano, ebbe certamente il merito di iniziare a rompere quel muro di gomma sostanzialmente autarchico che confinava la proposta musicale a quella in lingua italiana, aprendo la strada a nuove sonorità e sensazioni. Il genere "ye ye", il beat e poi il rock cominciarono a entrare nelle orecchie anche del pubblico dello Stivale.

A questo proposito non si può citare la prima intervista "italiana" ai Beatles, proposta da un giovane giornalista torinese che era tra i pochi capaci, da noi, di esprimersi in un inglese fluente e che, anche per questo oltre che per le sue indubbie qualità, diverrà poi negli anni un faro per le giovani generazioni e non solo: Gianni Minà. Ne riparleremo. A seguire ecco fiorire altre testate, come "Giovani", dedicata alla nuova musica ma non soltanto. La più importante è "Big" che prende, via via, decisamente una strada maggiormente politicizzata, pur non schierandosi con nessuna fazione, ma facendo proprio un afflato libertario che iniziava a soffiare anche nelle tradizionalmente assopite strade italiane.

Perfino la RAI, all'epoca detentrice unica

dell'informazione e della diffusione anche delle sette note, sembra quasi risvegliarsi, magari proprio a seguito del tour dei "Fab Four". Nasce, così, l'idea di affidare a due "giovani" conduttori di belle speranze e soprattutto con idee innovative un programma musicale.

I due sono l'aretino Giandomenico "Gianni" Boncompagni trentatrenne all'epoca, e Lorenzo Giovanni "Renzo" Arbore, di Foggia, di cinque più giovane. A loro è consegnata, e perfino con una certa libertà artistica, la guida di uno show radiofonico in onda il sabato pomeriggio e dal poco invitante nome di "Bandiera gialla". Sì, certo, il titolo richiamerà l'orecchiabile canzone di Gianni Pettenati (cover di "The Pied Piper", del gruppo britannico Crispian St Peters), che peraltro uscirà più avanti, nel 1966. Ma, come sa chiunque abbia due rudimenti di marineria, la "bandiera gialla" è quella che si espone quando su un'imbarcazione c'è qualcosa di pericoloso e infettivo. Facile pensare che i riservatissimi dirigenti di Viale Mazzini volessero indicare con quel sottile calembour la propria estraneità a quello che veniva mandato in onda. Erano, verosimilmente, gli stessi che rifiutarono di riprendere e trasmettere il concerto dei Beatles sostenendo che "non sarebbero durati", prevedendone una inevitabile e ingloriosa sparizione prima ancora che terminasse l'estate. Clamoroso errore di valutazione, peraltro comune all'epoca. In ogni caso, abbiamo superato i confini temporali di nostro interesse e quindi ci fermiamo qui.

Per spiegare, invece, ancora meglio cosa fosse l'Italia di quei giorni, dobbiamo fare un altro salto nella direzione opposta e citare un nome che per molti è leggenda. Il Piper Club.

Caput Mundi

Il passo indietro ci riporta a una fredda giornata dell'inverno 1965, il 17 febbraio. In quella data, tre personaggi fra loro molto diversi, un avvocato, un commerciante di auto e un importatore di carni, danno corpo a un sogno. Portare a Roma, città straordinaria eppure per certi versi ancora legata a rigidi schemi del passato, nonostante la "dolce vita", un "grandioso locale per i giovani" (così si legge nella locandina realizzata per l'inaugurazione). Un punto di riferimento generazionale capace di riprendere le esperienze londinesi o di New York e... Amburgo.

Il Piper Club. Per aprirlo si optò per un quartiere "in" della Capitale, i Parioli. Ovvio che la scelta fosse dovuta soprattutto alla possibilità che i ragazzi della media e alta borghesia che abitava quella zona avrebbero avuto di "spendere": sicuramente superiore a quella che si sarebbe potuta trovare in una zona maggiormente popolare. La storia del Piper, tuttavia, dimostra come quel posto riuscì a diventare, presto, un luogo di attrazione e aggregazione che andava ben oltre le divisioni classiste della società di quegli anni. C'è anche chi lo ha definito "il big bang della club cultura italiana", soprattutto a livello giovanile. L'elenco degli artisti che sono passati per le tavole del palcoscenico al numero 9 di Via Tagliamento rende giustizia all'idea dei tre fondatori, Alberigo Crocetta, Giancarlo Bornigia e Alessandro Diotallevi: qui hanno mosso i primi passi, o hanno confermato un successo già conclamato, l'Equipe 84, The Rokes (entrambi i complessi presenti nella serata d'apertura) Fred Bongusto, i Dik Dik, la già citata Rita Pavone e poi ancora Mina, Patty Pravo e, successivamente, Renato Zero, Mia Martini e tanti altri, trasformando il locale da millecinquecento posti in un fenomeno di costume. Tra i molti, si esibirono qui perfino i Pink Floyd nel 1968, agli inizi della loro straordinaria avventura, così come i Genesis e David Bowie.

Il locale avrebbe dovuto, nelle intenzioni dei progettisti che avevano disegnato il palazzo di cinque piani sovrastante, diventare un cinema, ma l'idea era stata successivamente abbandonata. Affidandosi per la ristrutturazione a dei giovani architetti neolaureati, i fondatori del club dimostrarono di avere lungimiranza. Nella realizzazione, si pensò anche a temi di assoluta avanguardia per l'epoca come la difesa della natura.

A sottolinearne il valore, l'installazione che venne scelta come fondale, ("Il giardino di Ursula", dedicato all'attrice svizzera e prima "Bond girl" Ursula Andress) realizzata dal pittore imolese di nascita ma romano di adozione Claudio Cintoli che mischiava parti dipinte e oggetti materiali. Più avanti altre opere giunsero ad abbellire la sala: ne arrivarono perfino alcune con la prestigiosa firma di Andy Warhol, a rimarcare il rapporto strettissimo tra sviluppo musicale e crescita artistica delle generazioni coinvolte.

Una rivoluzione che il compianto collega Ernesto Assante, in una intervista tv proprio sulla nascita del Piper, riassumeva così: "Dentro c'era un'Italia moderna, evoluta, libera sessualmente, connessa col mondo. Fuori invece c'era un'Italia ancora vecchia, dove non esistevano le leggi sul divorzio o sull'aborto. Lì si cercava un Paese diverso".

Una rivoluzione, va detto, anche nei costumi, spinta soprattutto dalle donne. Guardando le immagini di archivio si nota come la popolazione maschile fosse ancora molto ingessata nei propri abiti classici e – alla faccia di chi temeva tanto i capelloni – con tagli rigorosamente corti.

Invece le ragazze mostravano con coraggio e sfrontatezza i segni del cambiamento: minigonne, trucchi e capigliature innovativi, coraggiosi, ed ereditati dalle mode della swinging London.

Un anelito di libertà, sventolato davanti al "patriarcato" allora più imperante che mai. Quello che rimane, comunque, è la certezza che il Piper abbia rappresentato un volano per la crescita del nuovo pubblico, quello giovanile.

In questo, probabilmente, andando anche oltre le speranze dei suoi fondatori. Certo è che la sua apertura, e il progressivo successo che ne caratterizzò quei primi anni di attività, segnano un punto di svolta che non può essere sottovalutato nell'analizzare l'Italia di quegli anni. In particolare, se parliamo di musica e dei suoi riflessi sulla società.

Il promoter

Ma come ci arrivano i Beatles in questo Paese così apparentemente distratto e poco ospitale? A portarli è un personaggio discusso ma all'epoca molto influente, il promoter Leo Wachter. La storia della sua vita è quantomeno rocambolesca. La vicenda inizia nella remota località di Kolomjya, oggi in Ucraina, ma all'epoca della sua nascita, nell'ottobre del 1922, ancora in Polonia. A soli undici anni, al momento della presa del potere da parte del partito nazista, conosce l'orrore della persecuzione. Con la sua famiglia è internato nel campo di concentramento di Dachau, il primo mai aperto, dove, ufficialmente, venivano rinchiusi "i comunisti e i funzionari marxisti che rappresentano un pericolo per la sicurezza dello stato", come si leggeva sui giornali tedeschi dell'epoca. Fuggito in Italia, si trovò costretto dall'applicazione delle leggi razziali fasciste alla clandestinità e a rinunciare al sogno di sfondare come calciatore professionista.

Nel corso del Secondo conflitto mondiale divenne partigiano grazie anche all'aiuto del capostazione di Porto Valtravaglia, in provincia di Varese, che era il padre del Premio Nobel Dario Fo.

Dopo la guerra iniziò l'attività di promoter e a lui si deve la presenza in Italia di molti artisti di fama mondiale, nel campo del rock ma non solo. Basti pensare a Josephine Baker e Harry Belafonte, paladino della lotta per i diritti dei neri d'America. Sempre allo stesso personaggio, va ascritta, inoltre, la nascita di molti dei locali storici dell'intrattenimento soprattutto milanese, come il "Ciak". Per "aggiudicarsi" i "Fab Four", Wachter dovette battere la concorrenza di un altro "peso massimo" del settore, Sergio Bernardini, "inventore" della "Bussola" di Viareggio, altro locale entrato nella storia del costume del Paese.

Per superarlo, fece una cosa normalissima oggi ma rivoluzionaria per l'epoca: si assicurò la presenza di uno sponsor che avrebbe coperto parte delle spese e legato il proprio nome al tour. Fantascienza nel 1965.

L'azienda alla quale si rivolse Leo era semplicemente una delle più grandi del tempo, un nome noto in qualunque parte del mondo, la Coca Cola. Vennero così organizzati, con l'ausilio anche di "Ciao Amici", dei pullman che con poche lire, portarono nelle località dove si svolgevano gli show, ragazzi dall'hinterland e dalle provincie limitrofe. Un'organizzazione sorprendentemente agile e intelligente che qualcuno tentò di smontare con accuse false e ridicole.

Da quella di non aver pagato gli artisti a quella, ancora più odiosa, di aver ottenuto i favori di Brian Epstein in virtù della comune ascendenza ebraica. Molto più credibile la collaborazione che il promoter seppe mettere su con l'etichetta Carisch, fresca di accordi con la Parlophone. L'azienda era la "casa" discografica di un giovane originario dell'arcipelago campano, Giuseppe Faiella, che, proprio in omaggio all'isola in cui era nato, aveva assunto il nome d'arte di Peppino di Capri.

Una figura tutt'altro che marginale nel panorama nazionale. Già sulla cresta dell'onda da qualche anno, nel 1965 il cantante era reduce dai trionfi internazionali che lo avevano portato a calcare le scene di mezzo mondo, dalla Germania al Cile, dall'Iran alla Carnegie Hall, sulla Settima strada a New York. Il suo nome comparirà accanto a quello dei Beatles nella cartellonista che annuncia le date del tour italiano dei "Fab Four".

I giornali

Tornando proprio alla visita dei Beatles in
Italia, è utile e importante rileggere i commenti
dei giornali nazionali per capire il clima nel quale
si svolsero i concerti.

Uno dei più attivi a seguire lo sbarco dei
quattro di Liverpool fu il Corriere della Sera. A
proposito dell'arrivo a Milano cui abbiamo già
accennato, la testata parlò dell'accoglienza da
parte di "duemila scatenati", corredando l'articolo
con un paio di fotografie con tanto di cartelli
issati a salutare i "baronetti". Il giorno successivo,
fin attesa del concerto al Vigorelli, ecco un altro
pezzo intitolato, con un neologismo, "Odiasamati,
i Beatles". Nell'occhiello un significativo
"Arrivano i "cavalieri" degli anni Sessanta",
mentre il sommario lascia spazio alle diverse
interpretazioni: c'è chi li considera "evangelisti" e
chi sostiene la loro musica sia "uno strazio". Per

poi concludere: "Si tratta di un mito del nostro tempo, da ridurre alla giusta misura". Impresa non facile, con queste premesse. Sulla stessa pagina, leggiamo un "box" biografico satiricamente intitolato "Ecco i quattro, vita e miracoli". Di John si dice che sia "il capo" e "odi il jazz". Impietoso il commento su Ringo definito, con molto poco senso dell'ospitalità, "il più brutto" e di cui si sottolinea come "porti sei anelli al dito". Non manca, in quelle ore, anche una foto che ritrae il gruppo sul tetto dell'hotel (evidentemente affacciarsi dai piani alti è una vocazione!) con alle spalle le guglie del Duomo.

I toni irriverenti - per non definirli canzonatori - tornano nelle scarne cronache delle esibizioni. Il giorno dopo il doppio show al Vigorelli si parla di "incredibili scene di isterismo: urla, fischi, convulsioni, isterismi, eccitazione collettiva".

Anche se un box in fondo pagina si distingue con un profetico "Quattro idoli che durano", l'atmosfera intorno all'intera vicenda rimane quella di una divertita e snobistica incredulità. Su un giornale della provincia di Cremona si legge della presenza al velodromo milanese di "settemila patiti", in un pezzo la cui intestazione è: "I Beatles hanno urlato a Milano". Strano modo di definire un concerto. Altrove, ecco un altro bel fondo sulla "follia yé-yé" che "mette a fuoco la platea". In questo caso sono due i pezzi "di contorno" che si assumono il compito di ridicolizzare l'intera situazione, la band e il pubblico accorso. Bastano i titoli: ""Capelli degeneri" e "Ho visto la calata delle parrucchette". Ogni commento è superfluo.

Per fortuna, in un'ulteriore edizione, si scopre che "Passa senza danni il ciclone Beatles" e ancora che a Genova, seconda tappa della tournée si registra "un altro grande successo". Altri commenti si susseguono, come quello che dichiara come il gruppo "vesta in modo deplorevole, con zazzere a dir poco sconvenienti". E se pensate che le appassionate ragazze che si scatenano ai concerti vengano risparmiate, ecco per voi una perla riportata da un quotidiano nazionale e attribuita a "un sociologo": "Provengono dal ceto medio, hanno intelligenza al sotto della media. Peso tra quarantatré e sessantatré chilogrammi, munite di radio a transistor. Sono cristiane". Beate loro. Addirittura, in una cronaca si favoleggia di un teatro di Glasgow "sbriciolato" da fan incontrollabili. Infine, un ulteriore commento sui musicisti definiti "stonati, incomprensibili, coperti dai fischi". A Roma, Il Messaggero chioserà semplicemente dando al più importante gruppo musicale mai apparso sulla faccia della terra (lo dicono i dati di vendita, non chi scrive) dei "sublimi idioti". Una firma "alta" del giornalismo italiano, Giovanni Arpino, intitolerà un suo pezzo "Sono uscito vivo dall'inferno dei Beatles":

all'interno si narra, tra l'altro, di "un'atmosfera da battaglia".

Pochi giorni prima delle esibizioni, la RAI – che, come già detto, snobba l'evento considerando la band "destinata a tramontare dopo pochi giorni" nelle parole del Direttore Generale Ettore Bernabei – manda in onda un servizio nella trasmissione "Linea diretta". Il conduttore legge un lancio di agenzia nel quale si racconta della nomina a "baronetti" dei quattro. Il primo nome che cita è quello di tale "John Lemon". Chi ben comincia…

Poi si passa a delle interviste con dei ragazzi in fila per acquistare il biglietto per le esibizioni capitoline. Il tono è il solito: canzonatorio e snobistico. Gli interpellati, comprensibilmente non a proprio agio davanti a una telecamera, sono quasi irrisi dalle domande che, chiaramente, si concentrano più che altro sul look e sulla situazione matrimoniale dei musicisti.

A nessuno viene in mente che si tratti di un fenomeno di costume che merita attenzione, rispetto e studio.

La ripartenza dell'Italia dopo le esibizioni romane non placa i critici. Il Corriere della Sera, cui come detto si devono, in varie differenti edizioni, molti dei capolavori appena elencati, tira in ballo i "Fab Four" qualche mese dopo, il 5 novembre in un articolo dedicato al "deplorevole" fenomeno dei "capelloni" che "bivaccano a Trinità dei Monti" a Roma. Vi si legge una descrizione: "Tipi apparentemente di sesso maschile che portano i capelli lunghi come le donne secondo una moda inventata dai Beatles che l'Inghilterra, anziché premiare come recentemente ha fatto, avrebbe dovuto, per rispetto alla propria reputazione, esiliare in Patagonia".

Chissà se l'estensore dell'articolo ha mai saputo che quella bellissima terra non fa e non ha mai fatto parte dell'Impero britannico ed è di sovranità argentina. In un altro pezzo sullo stesso argomento, ci si lamenta del fatto che "non esista un legge che impone di tagliarsi i capelli", come satiricamente in una sua scenetta faceva all'epoca notare anche il principe della risata Totò. In compenso lo "spettacolo indecoroso" dovuto all'esistenza di questi "zazzeruti" viene interrotto dall'intervento delle Forze dell'ordine che consegnano, nel tripudio del collega giornalista, dei "mandati di comparizione" ai curiosi e detestabili soggetti. Con quale imputazione non è dato sapere.

Da tutto ciò traspare evidente lo iato fra la nascente cultura giovanile, che doveva ancora trovare i propri canali di espressione e la "società" degli adulti, immobile e terrorizzata da qualsiasi novità. Qualcuno azzardò addirittura una interrogazione parlamentare, ci furono lamentele per l'eccessivo "disturbo" arrecato alla Polizia per gestire la situazione creatasi con la "calata" dei barbari Beatles in Italia.

Durante e dopo la serie di concerti, la Marina Militare vietò ai suoi soldati "il taglio a scodella", considerato troppo poco marziale. Negli anni successivi si è parlato anche di un interessamento verso il gruppo e i suoi fan dei servizi segreti nazionali, sulla scia di quanto già facevano l'intelligence britannica e la CIA. Eppure, nonostante tutto questo, il tour dei "Fab Four" andò avanti e lasciò una impronta per certi versi indelebile anche sulla società italiana. Ricordiamo, in proposito, anche i commenti poco lusinghieri di alcuni esponenti della classe culturale nazionale.

Perfino un personaggio al di sopra di ogni sospetto snobistico e classista come il regista Pier Paolo Pasolini parlò di "quattro giovanotti privi di fascino che suonano una musica bellina".

Sul palco

Proviamo a salire anche noi su quel palco, al "Vigorelli" di Via Arona a Milano, nella zona "Fiera". Il primo concerto è previsto per le 16 del 24 giugno, come si legge sui manifesti. Due i personaggi noti chiamati a svolgere il ruolo di presentatori dell'evento. Lucio Flauto è un attore, con alle spalle dieci film quasi tutti di genere leggero, i cosiddetti "musicarelli", e personalità televisiva, nativo di Busto Arsizio, dove oggi gli è intitolata una piazza cittadina. Accanto a lui la giovane attrice romana Rossella Como, al velodromo con un vestito bianco e una giacca gialla, che aveva esordito al cinema con "Poveri ma belli" di Dino Risi e che avrebbe chiuso la sua esistenza terrena a soli quarantasette anni, stroncata da un male incurabile nel 1986.

Le foto di quel giorno, recuperate dopo parecchie rocambolesche avventure nei decenni successivi, ci riportano un'atmosfera di festa e di grande attesa, nonostante il caldo torrido del pomeriggio meneghino. Sono circa settemila le ragazze e i ragazzi che si danno appuntamento al Vigorelli, pagato un biglietto che oscilla tra le settecentocinquanta e le tremila lire per un incasso che, quel pomeriggio, sfiora i diciotto milioni di lire.

Il palco non ha niente a che vedere coi fantascientifici stage a cui il rock ci ha abituati negli anni successivi. Si tratta di una struttura semplicissima, scoperta, addossata a una delle "curve" dell'impianto. Nonostante il clima rovente l'entusiasmo è palpabile. Le istantanee di quei momenti ci restituiscono, finalmente, un'immagine realistica della vita dei ragazzi nel nostro Paese nel '65. Non ci sono i minacciosi "capelloni", l'atmosfera è quella di una festa con protagonisti i quattro di Liverpool, immortalati in striscioni e cartelli, come succede in ogni altro angolo del mondo. Compreso un lenzuolo, nel quale si inneggia agli "scarafaggi".

Ripensare al "terrorismo" dei titoli dei giornali, ai divieti delle generazioni più anziane, atterrite da chissà quali rischi, all'interesse addirittura di polizia e servizi segreti per quell'evento, fa quasi sorridere. Mai come in questo caso si può dire che lo "scandalo" sia tutto negli occhi di chi guarda, non certo nella allegria e spensieratezza di quei ragazzi.

Il concerto vero e proprio è preceduto dalla esibizione dei "gruppi spalla", in gran parte della "scuderia" della Carish. Abbiamo già citato il principale, Peppino di Capri, così come Fausto Leali con i Novelty. Per fortuna, il cantante bresciano non si esibisce nelle sue cover dei Beatles, preferendo altri brani del suo importante repertorio. Prima dei "Fab Four" sul palcoscenico salgono anche Guidone e i suoi amici, i Giovani Giovani e soprattutto Maurizio Arcieri con i New

Dada, all'epoca sulla cresta dell'onda e attivi poi fino al 1967.

Con loro anche Le Ombre di Augusto Righetti che l'anno successivo pubblicheranno un disco di cover in italiano delle canzoni della band di Liverpool. Alle 17, Flauto e Como, anche poco sincronizzati tra loro, presentano i Beatles, nel tripudio della folla presente.

Appena un gesto e i quattro attaccano "She's a Woman". Inizia l'evento che cambierà, in molti modi, la storia della musica perfino nel nostro Paese.

La scaletta del tour dei "Fab Four" è più o meno sempre la stessa e si ripete per tutti gli spettacoli in terra italiana. Le canzoni proposte sono 12: "Twist and Shout" (cover dei Top Notes, non eseguita in tutti i concerti, aprirà a Roma); "She's a Woman"; "I'm a Loser"; "Can't Buy Me Love"; "Baby's on Black"; "I Wanna Be Your Man"; "A Hard Day's Night"; "Everybody

Tryin' to Be My Baby" (cover di Carl Perkins), "Rock and Roll Music" (cover di Chuck Berry); "I Feel Fine"; "Ticket to Ride"; "Long Tall Sally" (cover di Little Richard). Sono quaranta minuti o giù di lì densi di emozione e passione. I quattro sono elegantemente vestiti in giacca e cravatta. Unica concessione allo spettacolo il cappello di John che riporta a quando la band si è esibita ad Amsterdam e ha "scoperto" il copricapo poi immortalato sulla copertina di "Help!".

Niente "capelloni", come detto, niente look estremi e provocatori, solo quattro grandi musicisti alle prese con i loro strumenti e un pubblico adorante e molto più disciplinato di quanto non verrà poi raccontato da chi è al soldo della cieca conservazione.

Il cliché si ripete la sera. Stavolta a guardare i "Fab Four" non ci sono sette/ottomila persone, ma ventimila, comunque al di sotto della potenziale ricezione del Vigorelli.

Si ripetono le scene di entusiasmo e, particolare interessante, i Beatles salgono sul palco con delle "divise" color crema che saranno poi il loro abbigliamento consueto nella parte di tour che si svolgerà quella stessa estate. Le avranno addosso, per esempio, nel più leggendario dei loro concerti. Quello allo Shea Stadium, davanti a quasi sessantamila persone.

Dopo lo show, la serata per i "Fab Four" prosegue con una puntata al Charlie Max, locale all'epoca tra i più noti della città e situato nella moderna Piazza Diaz, a pochi passi dal Duomo, ristrutturata intorno agli anni '30 e dominata dalla Torre Martini, costruita appena nel 1958.

Al Charlie Max di Massimo Asnaghi si esibiva tutte le sere Augusto Righetti con Le Ombre, band che aveva partecipato al pomeriggio al Velodromo in funzione di gruppo spalla. Facile immaginare la sorpresa nel vedersi arrivare John, Paul e gli altri che, nei racconti di chi c'era, gradirono molto tanto il sound che l'atmosfera e si fermarono fino all'alba.

Con loro il già citato Gianni Minà che svelerà poi di aver parlato con gli ospiti inglesi di "musica e politica". Il giornalista ricordava lo spirito progressista dei quattro e in particolare la vena pacifista di Lennon, preoccupato - e come avrebbe potuto essere diversamente - dagli sviluppi del conflitto in Vietnam che stava conoscendo una pericolosa e sanguinosa escalation.

Dopo la nottata, con poche ore di sonno sulle spalle, i "Fab Four" affrontarono il viaggio verso Genova, questa volta spostandosi in auto fino al capoluogo ligure.

Come Liverpool

Leggenda racconta che sarebbe stato Paul in persona a proporre a Brian Epstein di organizzare una tappa del tour nella città della lanterna. Il motivo? Genova è un porto, proprio come Liverpool, e con un'atmosfera per certi versi simile a quella del posto da cui provenivano i Beatles. È una città che già conosceva anche il fenomeno dei "capelloni", che qui si riunivano principalmente a Piazza Tommaseo. Alle giornate genovesi dei quattro musicisti è dedicato il documentario "A Fab Day's Night", realizzato da Elisabetta Ferrando nel 2016.

Una volta arrivati, i "lads" si fermarono al Grand Hotel Colombia di Piazza Principe, a pochi passi dal mare. Un posto speciale, la cui vicenda è durata appena sessanta anni prima della chiusura nel 1989, sorto sull'antecedente Palazzo Faraggiana e che ha ospitato, tra i tanti, personaggi come l'Aga Khan, Gary Cooper, ma anche presidenti della Repubblica (Gronchi, Segni, Pertini) e perfino Mohammed Alì. Superato lo "sbarramento" di alcune decine di fan assiepati davanti all'ingresso, si diressero nelle stanze per un riposo ristoratore ma verso le due di notte eccoli di nuovo in azione, pronti a scoprire la città con un giro tra i "carrugi".

George Harrison chiede di essere accompagnato a Sori dove godersi un bagno ristoratore nelle calme acque del Golfo Paradiso. Il giorno dopo, conferenza stampa, con le solite domande e i consueti titoli come "La polizia sul piede di guerra". Quindi è già ora di recarsi al Palasport alla Fiera internazionale a Carignano per il primo dei due concerti, quello pomeridiano, davanti a cinquemila spettatori che sborsano ognuno duemila lire per la stessa scaletta che ascoltata a Milano. Gruppi spalla New Dada, Guidone, Peppino di Capri, Giovani Giovani,

Angela. I "Fab Four" sono di nuovo vestiti di scuro, in giacca e cravatta, così come una parte consistente del pubblico che li va a sentire e che, nella maggioranza, siede tranquillamente sui propri seggiolini. Tanto che Il Secolo XIX titola il giorno dopo che "la folla non è impazzita", sottolineando come a una normale partita di calcio gli spettatori siano "dieci volte tanti".

Scenari simili per l'evento serale, anche qui come a Milano con una molto maggiore presenza di pubblico, circa quindicimila spettatori. Questo non impedisce il solito balletto nel post evento con articoli falsi e provocatori. Non mancano, ci abbiamo fatto l'abitudine, le consuete prese in giro, in particolare degli spettatori accorsi a vedere "lo zazzeruto quartetto".

Si parla di "danze tribali" che farebbero "saltare le vene al collo", di "atmosfera allucinata", soprattutto causata da "sedicenni che gridano" la loro parola d'ordine: "Shake!".

Secondo altre ricostruzioni ci sarebbero stati "svenimenti simulati" e una rivolta da parte degli spettatori "inferociti" al grido di "bidoni" a causa delle pessime condizioni dell'audio. Tutto questo non riguarda i "Fab Four" che – come racconta lo stesso Minà – partono poco dopo la fine dello show, su un aereo privato messo a disposizione da Leo Wachter, alla volta della Capitale. Un volo problematico: il giornalista racconta che il piccolo velivolo era "stracarico" di strumenti musicali e persone, tra cui i gruppi spalla e che avrebbe impiegato "un bel pò" a staccarsi da terra. Il più spaventato? Peppino di Capri, poco amante del volo.

Nella Città Eterna

L'aereo proveniente da Genova atterra a Fiumicino all'alba del 25 giugno 1965. Un'auto aspetta a bordo pista per portare i quattro al loro albergo capitolino, il Parco dei Principi, nell'elegante quartiere dei Parioli, lo stesso del Piper.

L'albergo, dotato pure di una piscina per gli ospiti, aperta anche la notte, è stato da poco inaugurato: a disegnarne le moderne strutture, perfettamente inserite nel contesto del circondario, proprio a ridosso del parco di Villa Borghese, è stato l'architetto milanese, padre dell'industrial design italiano Giò Ponti.

Secondo l'ultimo censimento, risalente al 1961, i residenti della capitale sono di poco sotto i due milioni e duecentomila, ma per il 1964 la stima parla di quasi 2,5 milioni di abitanti. Quasi uno su cinque, quattrocento ventinovemila secondo i dati del Comune, frequenta le biblioteche, oltre duecento ventinovemila si reca a visitare mostre. In città, nel '64, si sono registrati quasi millecinquecento arresti e l'azienda di trasporto pubblico ha contato oltre ottantaquattro milioni di viaggiatori. Il 12 marzo del 1964, il sindaco eletto Glauco Della Porta, Democrazia Cristiana, è stato sostituito dal compagno di partito Amerigo Petrucci, poi parlamentare fino al 1983, che è alla guida di una giunta di centro sinistra.

La permanenza romana di John, Paul, George e Ringo prevede quattro concerti, due pomeridiani e altrettanti serali presso il cinema teatro Adriano di Piazza Cavour, alle spalle del Palazzo di Giustizia, chiamato dai locali "palazzaccio" e a poche centinaia di metri dal Vaticano.

Originariamente battezzato Politeama Adriano, il teatro è stato inaugurato nel 1898, sulle ceneri di una struttura precedente, in legno, andata distrutta in un incendio del 1885. La sera dell'inaugurazione, il 1° giugno 1898 andò in scena una edizione de "La gioconda" di Amilcare Ponchielli. Qui ha debuttato nella Capitale, tra le altre, la "Boheme" di Ruggero Leoncavallo e si è esibita per alcuni anni l'Accademia Nazionale di Santa Cecilia. Dopo il secondo conflitto mondiale, il locale è stato diviso in due differenti cinema, dando vita all'Ariston, a fianco della sala originaria. Inizialmente, il concerto dei "Fab Four" avrebbe dovuto svolgersi all'aperto e in una cornice di pubblico superiore ai circa tremila spettatori che l'Adriano può garantire al massimo della capienza.

Ma, all'ultimo momento, si è scoperto che lo stadio Flaminio, sito ideale per il gruppo "prenotato" per l'occasione, sarebbe stato occupato da una riunione religiosa. Stesso discorso per il Palazzo dello Sport dell'Eur. Wachter fu così costretto a ripiegare sul cinema probabilmente più grande della Capitale raddoppiando le apparizioni della band per cercare di soddisfare quanto più pubblico possibile. Fa impressione pensare al livello di pionierismo dell'organizzazione, impensabile oggi quando si tratta di mettere su uno spettacolo capace, nelle intenzioni almeno, di attrarre una grandissima folla.

Sono molti i racconti, spesso confusi, di quelle concitate ore della "calata dei Beatles", come recitava il solito titolo di giornale dell'epoca. Perfino i protagonisti stessi degli eventi si confondono. Quello che si sa è che i "Fab Four" ebbero pochissimo tempo a disposizione per visitare la Città Eterna e che ad accompagnarli fu soprattutto Minà a bordo della sua eroica Fiat Seicento, insieme ad alcuni personaggi, ragazze soprattutto, come la cantante e show girl, poi scomparsa, Marina Marfoglia. Singolare, ma certo non unico, il caso poi di quanti "c'erano", tanto agli show che alle serate prima e dopo: fenomeno inevitabile quando il tempo annacqua la memoria e soprattutto confonde i contorni. Torneremo tra poco a parlarne, intanto concentriamoci sui concerti.

Un argomento sul quale i testimoni concordano è che facesse caldo. Molto caldo. A Roma la fine giugno può essere decisamente torrida e certamente all'epoca l'aria condizionata non era un bene diffuso. Ci fu anche questo tra gli argomenti che tenne lontana una folla maggiormente strabocchevole dai concerti che pure registrarono una discreta affluenza, pur svolgendosi i primi due di domenica e i secondi di lunedì. Non è difficile, peraltro, pensare a una città leggermente meno affollata del solito, visto che, tradizionalmente, il 29 giugno a Roma si festeggiano i santi patroni, Pietro e Paolo e quindi l'occasione era buona per un "ponte" magari da spendere in qualche vicina località di mare.

Abbiano tutti negli occhi le immagini, ripetute in tanti film di quel periodo, delle "migrazioni" verso Ostia lungo la via Cristoforo Colombo, magari a bordo di una Vespa o di una Lambretta.

Ma torniamo a Piazza Cavour e al teatro che, già dal primo concerto, si sta riempiendo. Almeno la parte della balconata, che ha prezzi più contenuti, millecinquecento lire. Per la platea arrivano a servirne settemila, che non sono una cifra tanto risibile, pur se per un evento che diventerà epocale.

A salire sul palco, verso le 16, sono i gruppi spalla che sono gli stessi delle altre esibizioni. Peppino di Capri, che presentò "Un'ora che ti aspetto" e "Sono qui per dirvi ciao", si sarebbe rivolto al suo batterista dicendogli: "Sembri Ringo!". Dell'esibizione del cantante campano rimangono delle immagini riprese proprio dentro l'Adriano. Mentre anche la platea si va popolando sempre più, il pubblico esplode quando una batteria viene posta al centro della scena. Sopra il nome del costruttore, l'americana di Monroe, North Carolina Ludwig, e quello della band. The Beatles. Ancora pochi minuti e i due presentatori annunciano che sta per compiersi la magia.

Vestiti di nero, camicia bianca e cravatta scura, eccoli. Il caos è notevole, pari a quello che si scatena in ogni angolo del mondo quando i "Fab Four" appaiono in scena. Paul saluta con un brevissimo "Ciao Roma" che accresce l'eccitazione del pubblico in sala e poi via con la prima canzone.

Anche qui il palco è minimale, niente giochi di luce o trucchi moderni, l'acustica lascia abbastanza a desiderare. Ma la musica è immortale. Le immagini oggi disponibili, facilmente reperibili in rete, ci restituiscono, anche se solo in minima parte, quelle sensazioni. "Twist and Shout" è la canzone di apertura. Guardando il palco, Paul e George sono sulla sinistra, Ringo con la sua strumentazione al centro. A sinistra John, con ancora indosso il copricapo da "olandese".

Quello che si apprezza nei pur tremolanti video dei quattro show è il trasporto del pubblico che si esprime anche attraverso alcuni salaci commenti in vernacolo impressi nella registrazione. E questo nonostante il titolo "Tiepida accoglienza dei romani ai Beatles" dell'ormai immancabile Corriere della Sera. Nel presentare "A Hard Day's Night" John si lancia anche in un italianissimo "Tutti per uno", ricordando il titolo nella nostra lingua del film dell'anno precedente. Anche Paul azzarda qualche parola, difficile da comprendere purtroppo se non quando annuncia "l'ultima" canzone con cui si chiude lo spettacolo che non supera mai i quaranta minuti di durata.

Alla fine, Ringo lancia le sue bacchette verso il pubblico. E qui si ripete un "miracolo" di moltiplicazione visto che non sono certo soltanto due le persone che si sono "vantate", negli anni, di averle raccolte e conservate. Misteri del rock and roll.

I testimoni – fra tutti il regista e attore Carlo Verdone, un "rockettaro" vero che non ha mai nascosto la sua passione per la musica di qualità – raccontano anche di uno spiacevole incidente, l'unico forse, accaduto durante uno degli show romani.

Quando uno degli spettacoli volge al termine, un buontempone sceglie di diventare protagonista. Scala il palco – evidentemente il concetto di "servizio d'ordine" era un poco diverso da quello che esiste oggi – per rubare dalla testa di John il copricapo olandese sfoggiato durante i concerti. Una bravata che spaventa i Beatles al punto da fargli abbandonare la scena in anticipo, mentre il poco ospitale spettatore è costretto a darsi alla fuga inseguito dai coloriti e meritatissimi insulti di tutto il teatro.

Dopo l'ultimo spettacolo, dicono ancora quelli che c'erano, un riluttante Sir Paul avrebbe incontrato al Parco dei Principi il regista, commediografo e cantante Sir Noel Coward che sarà, nel 1969, tra i protagonisti del film "The Italian Job". Quello, per intenderci, del famoso inseguimento sul tetto dello stabilimento Fiat del Lingotto a Torino. Tra i protagonisti del film anche Alfred "Benny" Hill, il comico.

La serata

Tornando a cose più terrene e ai racconti di chi c'era, la serata romana dei "Fab Four" merita di essere narrata, premettendo che in molti hanno poi fornito versioni differenti. Il gruppo, infatti, avrebbe deciso dopo lo show di assaggiare un poco di "dolce vita". A fare da cicerone – e a guidare l'auto seguita da un codazzo di "paparazzi" in cerca dello scatto giusto – sempre Gianni Minà.

Ma tutti e quattro nella Seicento, per quanto fosse una spaziosa versione a quattro ruote del "miracolo" italiano di quegli anni, non c'entravano. Soprattutto perché con sé avevano anche una piccola corte di ragazze ad accompagnarli, tra cui la presentatrice della serata Rossella Como. Così mentre Ringo e George si "accontentano" dell'utilitaria, John e Paul si accomodano su una ben più sostanziosa fuoriserie appartenente a un giovane rampollo della nobiltà capitolina, Paolo Del Pennino. Obiettivo della avventura dovrebbe essere il Piper: ma qui, racconterà poi Minà, tutti si aspettano i Beatles e la situazione è quantomeno caotica. Sul web, si favoleggia di un "bagno" dei quattro nella fontana delle rane che si trova a piazza Mincio, a pochi passi dal Piper, opera dell'architetto Gino Coppedé del 1924.

Difficile dire se si tratti di un fatto realmente accaduto o di una delle tante leggende metropolitane che circondano eventi di questa portata.

Abbandonata, comunque, l'idea del Piper, la compagnia ripiega sul Club 84, un night club che andava per la maggiore all'epoca, a poca distanza da via Veneto, aperto nel 1957 da Oliviero Comparini. Lì, quella sera del 1965, si esibisce un "crooner" italiano (nativo di Campobasso), Alfredo Antonio Carlo "Fred" Bongusto. Tra i presenti anche un altro nome di spicco della canzone e di quella che oggi si chiamerebbe "movida" capitolina, Franco Califano.

Tempo di bere qualcosa, scambiare due chiacchiere con i pochi che si sapevano esprimere in inglese - lingua ieri ancora più di oggi sconosciuta ai più - e poi via per un tour by night delle bellezze incomparabili di Roma, compreso un gustoso gelato nei dintorni di Piazza Navona.

La mattina dopo pronti per un altro volo, alle 11 e 35 precise, direzione Nizza, dove la tournée europea dei "Fab Four" sarebbe proseguita quella sera stessa con un concerto al Palais des Expositions sulla Esplanade Marechal de Lattre de Tassigny. Anche lì, ad attenderli, migliaia di ragazzi e ragazze, giornalisti dalla domanda fulminante, un albergo elegante, affacciato proprio sul mare, un successo davanti alla folla adorante e un night club per tirare in lungo la serata.

Gli ultimi commenti

Con il volo per Nizza si chiude la breve ma fondamentale avventura dei Beatles in Italia. Una tre giorni che ha sicuramente dato molto più al nostro Paese che ai "Fab Four", in quel momento – come abbiamo visto – ossessivamente in giro per il mondo. Nonostante le difficoltà, il pregiudizio e l'ottusità di quanti non intuirono la grandezza di chi avevano avanti, in Italia il veloce passaggio del "tifone" Beatles lasciò, se non altro, una scia importante nel settore musicale.

La vendita di strumenti, infatti, conobbe nei mesi successivi un'impennata mai vista. Innumerevoli sono gli artisti che hanno raccontato di aver preso da quei febbrili giorni l'ispirazione per sperare in una carriera musicale o che, più semplicemente, si fecero spingere dai Beatles a osare di più. Nella musica, nella moda, nello stile delle capigliature, nel modo di pensare.

Non fosse altro che per questo ci sarebbe da ringraziare non solo i musicisti ma anche il loro manager, quanti li aiutarono a varcare le Alpi, il promoter, chi si prodigò perché questo tour fosse almeno considerato anche da chi – la RAI tanto per non citare nessuno – non voleva proprio sentirci da quell'orecchio.

Chiudiamo questo excursus con un altro paio di capolavori giornalistici. Come quello che, in un articolo già citato e intitolato "La calata dei Beatles" ci ricorda che i "Fab Four" hanno fruttato al fisco inglese "trentacinque miliardi di lire", anche grazie alla vendita di "oltre un milione di parrucchette".

Nella breve biografia dei componenti che accompagna il pezzo si ricorda che uno dei membri originari era "morto di leucemia". In realtà Stu Sutcliffe – di lui si parla – era stato stroncato da un'emorragia cerebrale ad Amburgo nell'aprile del 1962 a soli ventuno anni.

Peccato veniale, come quello della giornalista Carla Stampa che su "Epoca" definisce il loro accento "cockney". Che è come ci si riferisce a chi parla con calata londinese, estremamente diversa da quella scouser di Liverpool. Ma pretendere che qualcuno riconosca perfino gli accenti regionali è forse troppo.

PARTE III

Roma

A Enzo

Mi chiamo Vincenzo. Ho sedici anni. Vivo a Roma, con i miei genitori e due fratelli più piccoli. Uno non ha neanche tre anni, l'altro cinque o sei di più. Frequento il liceo classico, vado al Tasso. Mi piace la scuola, ma certe cose proprio non riesco a mandarle giù. No, non sono un ribelle, un teddy boy, qualunque cosa significhi. E neanche un capellone, anche se portarli un poco lunghi in effetti mi piacerebbe. Ma poi chi lo sente mio padre.

Lui è un tipo tutto d'un pezzo. Capiamoci, non è male, è serio e sa un sacco di cose: infatti con mia madre lo chiamiamo "La fiera dei sogni", come il programma in tv con Mike Bongiorno, quello dei quiz. Lui le risposte le sa tutte. Vorremmo andasse in studio, così vincerebbe pure dei bei quattrini, ma non è proprio il tipo. Secondo me, è rimasto ancorato a un mondo vecchio. Fino a qualche anno era militare e certe cose pesano.

Per questo ci sono cose che non riesce a capire, con tutta la buona volontà. E non è certamente l'unico. I "giovani d'oggi", come veniamo definiti noi che siamo nati dopo la guerra, non sono molto compresi nella società. Anche a scuola, i professori ci stanno addosso. E non slacciarti la camicia, tagliati la zazzera, vestiti più sobrio.

Ogni gesto, ogni azione è controllata. E giudicata. Allora io vorrei dire: non è mica che vogliamo fare la rivoluzione. Io manco so esattamente che è 'sta rivoluzione di cui tanti parlano, però lasciateci un poco in pace. Questo sì, lo vorremmo. Ci piace divertirci, stare insieme, insomma, fare queste cose qui. Ma i nostri genitori e i prof come si divertivano all'età nostra? Certo, "c'era la guerra". L'ho sentito dire tante e tante volte. Non da mio padre, lui l'ha fatta sul serio e non ne vuole parlare. E neanche da mia madre che è profuga dalla zona dell'Istria e nelle foibe ci ha perso non so quanti cugini e parenti. Pure lei non ama tirare fuori quel periodo e a volte ha ancora gli incubi la notte. Si sogna assassini, squadracce, raid aerei, bombardamenti. Roba brutta. Aveva solo 19 anni quando è iniziata. A casa preferiscono tacere, ma da tanti e tanti altri questa storia la sento dire sempre. "Noi abbiamo fatto la guerra", "Allora non si scherzava mica", "Sai che fine facevi con quella zazzera". E così via. E come ti guardano, magari perché accendi una sigaretta o fai il filo a una ragazza. Chissà che succedeva, prima. Secondo me non era poi così tanto diverso, è che tutti vogliono dare giudizi, severi oltretutto, e noi siamo un bersaglio facile. Non sappiamo ancora quasi niente del mondo, possiamo muoverci poco, sempre sotto controllo. A casa, a scuola, in giro.

A volte qualche libertà in più non ci starebbe male. Vi faccio un esempio? So che esiste un posto, qui a Roma, dove si va a ballare. Si chiama Piper e ci vanno un sacco di ragazzi e ragazze. Ma l'ingresso costa e c'è anche una selezione alla porta. È quello il problema. Se non sei il tipo giusto, non sei vestito in un certo modo, neanche ti fanno entrare. Così dice un mio compagno di classe che c'è stato. Francesco, così si chiama, è figlio di un medico e ha un sacco di soldi. Però ci ha detto che la prima volta che ha provato a intrufolarsi là dentro gli hanno proprio detto di *smammare*. "Sei troppo *regazzino*" l'ha strillato uno alla porta, cacciandolo via. La seconda volta c'è andato col fratello più grande e si è pure messo la giacca. Allora lo hanno fatto entrare, ma c'è stato poco perché è minorenne e non so se siamo ammessi lì dentro. E ai ventuno anni ancora ne mancano! Io ci andrei pure, ma figurati. Tasche vuote e niente da dire. Meglio lasciar perdere.

È passata da poco l'ora di pranzo e ci saranno 30 gradi, come minimo. Ho appuntamento con Gaetano a Piazza Sempione, davanti alle scale della chiesa. Lì ci ho fatto la prima comunione, per fare contenta mia nonna.

Mamma e papà su questo sono molto tranquilli, ma non volevano sentire storie e mi hanno costretto a farla. Non che a quella età avessi idea di potermi ribellare. Ma la cresima no. "C'è tempo, quando ti sposi", dice sempre mia madre che da ragazzina voleva farsi suora (dice lei) ma che adesso i preti non li può proprio vedere. Racconta che anche suo padre era così. Io non l'ho mai conosciuto mio nonno, è morto prima che nascessi, ma mi sta simpatico lo stesso. Con Gaetano siamo compagni di classe. Non di banco, lui sta a quello dietro, ma abbiamo scoperto che i nostri padri si conoscono, sono colleghi.

E così abbiamo fatto amicizia. Lui pure è pieno di curiosità verso il mondo e si sente stretto in questi abiti che ci hanno cuciti addosso. I suoi vestiti, poi, sono più grandi dei miei, perché è alto rispetto a me che sono "piccoletto". Nelle foto di classe, quelle che facciamo ogni anno nel cortile del liceo Tasso con le palme, i compagni, tutti i professori e il preside, lui sta sempre nella fila di fondo, alle spalle di tutti. A me tocca la prima, invece.

Qualche volta andiamo al cinema, a vedere un bel western come "Il californiano" con Charles Bronson che è uscito da poco. O magari un film con Presley come "Il cantante del luna park": pure se un po' stufa, ci sono sì e no tre o quattro canzoni e il resto è poco divertente. Sembra una caricatura, non credo che siano pellicole di alta qualità. Però Elvis mi piace quando canta. Ha una bella voce e il mio compagno di scuola Giovanni - che è proprio fissato con la musica - ci ha raccontato che lui sì che ha fatto la rivoluzione.

Prima nessuno si presentava a ballare e muoversi davanti al pubblico in quel modo. Dopo Elvis lo fanno tutti. E poi è simpatico, con quel ciuffo e l'aria da teppista. Giovanni è stato il primo che ci ha parlato dei Beatles. Suo padre lavora al ministero degli Esteri, viaggia molto e spesso va in Inghilterra e gli ha riportato indietro un disco, un paio di anni fa.

Dice che lì sono tutti impazziti per questi ragazzi che non sono come Presley: non ballano, suonano e basta, ma mandano tutti fuori di testa. Con Gaetano siamo stati da lui e abbiamo sentito quelle canzoni sul suo giradischi che sembra un'astronave. Non so come spiegare.

La sensazione che mi hanno dato è stata diversa da qualunque altra abbia mai provato nella mia vita. Il ritmo, la musica, le parole... (anche se faccio tanta fatica a capirle e sì che in inglese ho preso anche nove!). Mi sono sembrate trascinanti. Facevano venire voglia di ballare, anche se a me non piace, di solito. Guardavo le facce di quei quattro sulla copertina di una rivista che Giovanni ci ha fatto leggere e che si chiama "Ciao amici". Parla di musica.

I Beatles mi parevano dei ragazzi normali, come tanti altri, a parte forse quei capelli che non li ho visto addosso a nessuno: più grandi di me, sì, ma non certo dei matusa! Eppure, mi sono parsi straordinari dalla prima volta che li ho sentiti. Come se, anche parlando un'altra lingua, fossero capaci di farsi capire e di essere come noi. Non so spiegarlo meglio di così. È in questo modo che è nata l'idea di andare a vedere il concerto. Abbiamo letto che ci sarebbe stato qui a Roma, dopo Milano e Genova e abbiamo deciso di provarci. Magari allo spettacolo del pomeriggio, come stiamo facendo, perché l'ingresso per la sera costa molto di più e davvero non avremmo saputo dove trovare i soldi. Cinquemila lire! E chi le ha mai viste... Così invece, grazie a qualche risparmio dai regali che ogni tanto mi fa mia nonna e a qualche lira che ha sganciato mia madre per la promozione, sono riuscito a prenderne uno.

Per Gaetano è stato più facile: suo padre è più comprensivo e "moderno" del mio! Naturalmente Giovanni ci ha presi in giro: lui ha i posti prenotati sia per il concerto di oggi che per quello di domani, entrambe volte in platea e per i serali. Pazienza, c'è chi è più fortunato, va bene comunque. A me pare già quasi impossibile essere riuscito a organizzarmi per andarci una volta!

Prenderemo il filobus, il numero 60, lo stesso che usiamo per andare a scuola la mattina. Da Montesacro, il nostro quartiere, percorre tutta la via Nomentana, fino a Porta Pia, quella famosa, quella della breccia.

Poi prosegue per via XX Settembre, fino a largo Santa Susanna, quindi scende via Bissolati, piazza Barberini e via del Tritone. Alla fine, gira a destra e la fermata che ci interessa è a piazza San Silvestro. A quel punto basterà raggiungere via del Corso, voltare a sinistra per via Tomacelli, attraversare il ponte e dopo pochi altri passi saremo a piazza Cavour. Lì c'è il cinema dove si svolge il concerto, l'Adriano. Ho letto sul giornale - mio padre lo compra tutti i giorni, dice che lo fa "per difendersi dalle strane idee" del governo - che inizialmente il concerto si sarebbe dovuto tenere allo stadio Flaminio.

Quello lo hanno ristrutturato per le Olimpiadi, ma poi il posto è cambiato perché c'è non so che raduno lì. Per questo ci saranno quattro spettacoli, per assicurare a più ragazzi possibile di vedere i Beatles, nonostante si esibiscano in un cinema! Non sto nella pelle mentre scendo la strada alberata che da casa mia porta a Piazza Sempione, cercando di non camminare sotto il sole rovente. Sono anche un poco spaventato. Un concerto!

Non ne ho mai visto uno e non so che aspettarmi. L'altro giorno in tv hanno trasmesso un programma che prendeva in giro i ragazzi in fila a comprare i biglietti... meno male che non mi hanno ripreso! Mi ha fatto arrabbiare perché sembrava che a questo spettacolo andassero solo degli scemi! Le domande che venivano poste erano delle provocazioni, secondo me. E non tutti sanno rispondere a tono. Succederebbe anche a me, se mi mettessero un microfono sotto il naso e una telecamera in faccia! Non capisco come si possa non accettare che dei giovani abbiano semplicemente voglia di musica, di stare insieme.

A sentire quel servizio, potrebbe accadere di tutto, neanche allo show ci andassero dei barbari. Non penso succederà niente di strano, anche se ho sentito che in certi posti, su in Inghilterra, avrebbero distrutto un teatro dopo lo spettacolo. Non so se sia vero, ma di sicuro qua non capita niente del genere. Se no, chi lo sentirebbe mio padre! Già mi ha guardato strano quando sono uscito. Non ha detto niente, ma certi rimproveri li senti fischiare nelle orecchie anche nel silenzio. Potere degli sguardi severi.

Sono arrivato alla piazza. In anticipo come al solito. E come sempre aspetterò un po' Gaetano che invece è in ritardo cronico! Anche per entrare in classe dobbiamo sempre fare delle corse. Per fortuna, è domenica e di traffico ce ne è proprio poco. Mi siedo sui gradini della chiesa degli Angeli Custodi, da un lato per non dare fastidio se qualcuno volesse salire le scale, e mi guardo intorno. Di fronte a me c'è una madonnina e Via Nomentana, a destra un bel palazzo che non so cosa sia e a sinistra dei negozi, tra cui l'autoscuola. Lì mio padre ha preso la patente e non vedo l'ora di farlo anche io. Un'altra cosa che mi spaventa ma mi attira terribilmente allo stesso momento: guidare un'auto! Chissà che sensazioni si provano. Di solito, la domenica facciamo delle lunghe scampagnate, soprattutto con gli zii e mia nonna. A lei piace andare in giro per abbazie e chiese, non ce ne manca nessuna... Un poco è una barba, ma alla fine è divertente, anche se preferirei, certe volte, poter stare a casa, magari a sentire la musica. Ah già, dimenticavo: a casa mia non c'è neanche un mangianastri, figuriamoci un impianto col disco. Se avessi una macchina e la patente potrei andare a prendere Gaetano e insieme andremmo in giro a divertirci, altro che conventi! A proposito, ancora non lo vedo arrivare, come sempre ci vuole pazienza.

Poco più avanti c'è un cinema, l'Aniene, ma da dove sono non riesco a leggere che film è in cartellone. Ci sono stato qualche volta, è solo di seconda visione, non come quell'altro cinema, il

Giardino, che sta poco più su lungo la Nomentana, ma costa poco e per noi ragazzi va bene. Guardo il poco traffico sulla piazza: al capolinea, c'è il filobus fermo, dipinto con due tonalità di verde. Spero non parta prima che riusciamo a salirci su. Fa caldo. D'altro canto, giugno è agli sgoccioli.

Da poco la scuola è finita (mi hanno promosso!) e credo che tra qualche settimana con i miei partiremo per le vacanze. Di solito andiamo lungo la costa, ad Anzio. Affittiamo un appartamento dalle parti della baia di Ponente, in centro e ci passiamo tutta l'estate. Mi piace lì, anche se il viaggio con la NSU Prinz di mio padre è un po' un incubo. Ma al mare ci sono un sacco di ragazzi e le giornate la passiamo sempre in spiaggia.

Ah, eccolo. Vedo arrivare Gaetano, alto, dinoccolato e sempre di corsa. Ha una camicia bianca e pantaloni blu. Siamo vestiti quasi uguali:

io ho una camicia bianca come la sua, ma i pantaloni neri. Ci salutiamo con il nostro classico "ciao fratello" e tiriamo fuori le 25 lire necessarie per pagare il biglietto.

A proposito, so che tra poco passerà a 50, mio padre non era per niente contento quando lo ha letto sul giornale. Saliamo a bordo dalla porta posteriore, l'altra serve solo per scendere e ci troviamo un angolo dove stare tranquilli, magari vicino a un finestrino, sperando ci doni un poco di refrigerio. Il tutto sotto lo sguardo severo del bigliettaio. Il caldo è davvero asfissiante. Il concerto comincia alle 16 e 30, anzi forse alle 16 con i gruppi che suonano prima dei Beatles. Non ci interessano molto, andiamo lì per loro e basta, ma visto che abbiamo pagato il biglietto è giusto vedere anche Peppino di Capri e gli altri. Siamo tutti e due su di giri.

Quando il mezzo si mette in moto, con i suoi rumori tipici, iniziamo a parlare di quello che ci aspetta. Il viaggio sarà abbastanza lungo e il tempo non ci manca.

Gaetano mi racconta di aver letto sul giornale – suo padre compra ogni giorno "Il Corriere della Sera" – notizie sui concerti che ci sono stati a Milano. Poi i Beatles hanno suonato anche a Genova. Il tono di quegli articoli, dice, fa pensare che gli spettacoli siano stati deludenti. Il pubblico non si sarebbe divertito, l'impianto audio pare fosse pessimo e le canzoni si sentivano poco. Diceva che questo succede soprattutto perché le ragazze, in particolare, non farebbero altro che strillare.

La cronaca parlava di "finti svenimenti" e di balli scatenati e un po' questo ci piace e ci atterrisce. Il mio amico tira fuori dalla tasca un pezzo di giornale che ha ritagliato. Sopra c'è la scaletta del concerto, almeno di quello che hanno tenuto a Milano. La leggiamo con avidità e non vediamo l'ora che inizi. Hanno fatto dodici

canzoni, ma negli articoli dicevano undici...
magari non è sempre uguale. O semplicemente
chi doveva riportare i fatti si è sbagliato.

Mentre lo leggiamo il nostro filobus percorre
la parte con il pavé di via Nomentana, prima di
prendere la salita verso la caserma, la "batteria" la
chiamano qua. Sobbalzando un po' per le
irregolarità della strada, guardiamo le canzoni.
L'apertura è con "Twist and Shout" che mi piace
da matti! Giovanni ci ha raccontato che quella
canzone non l'hanno scritta loro. L'ha chiamata
"cover".

Vuol dire che un artista canta un pezzo scritto
da qualcun altro. In questo caso, ci ha fatto vedere
che il gruppo che l'ha incisa originariamente si
chiama Top Notes ed è formato da due ragazzi
americani di colore. Quando dice queste cose, io
lo guardo sempre stupito: come fa a saperle, mi
domando. È una enciclopedia vivente, quel
compagno.

Poi, però, guardo il muro di dischi che tappezzano più di una parete a casa dei suoi e capisco che è da lì che gli viene tutta questa passione. Magari potrebbe andarci lui da Mike Bongiorno!

Mentre ci avviciniamo alle parti di Villa Torlonia, che è chiusa e abbandonata da quando ci viveva Mussolini dice mio padre, scorriamo le altre canzoni della lista. Le ho sentite tutte nei dischi, anche se non sono sicuro di ricordarmele bene. Conosco bene "A Hard Day's Night" che è la colonna sonora del film, "Tutti per uno". Quello non l'ho visto ma Giovanni (sempre lui!) mi ha detto che è divertente e fa pure ridere. Magari un giorno lo trasmetteranno in tv e potremo recuperare se non riusciremo a vederlo al cinema: in fondo i Beatles sono famosi, anche se qui da noi mi sembra molto meno che altrove.

A Porta Pia, dove la strada si restringe appena passa le antiche mura della città, Gaetano mi racconta che la sua preferita, in questo lotto, è "Ticket to Ride".

L'abbiamo sentita poco, perché è appena qualche settimana che è uscita, mi pare ad aprile. All'estero ha avuto tanto successo, Giovanni dice che è prima in tanti Paesi, ma qui abbiamo capito che le cose funzionano diversamente e probabilmente in cima alla classifica non ci arriverà mai. Il perché sinceramente non lo capisco. Forse ha a che fare con la lingua, che per molti è ostica. O forse perché sono stranieri e a tanti questo basta. Sinceramente, mi sembra una mentalità ristretta e poco intelligente.

Guardiamo ancora la scaletta, mentre passiamo per via Bissolati. Lì ci sono tutti gli uffici delle compagnie aeree e mi diverto a pensare a tutti i posti dove si potrebbe andare. Libano, Israele, Australia... sembra quasi poter fare un tour, come i Beatles! Deve essere bello girare il mondo, vedere tanti posti differenti. Chissà, magari un giorno lo potrò fare anche io. Adesso, mi sembra tutto così lontano, mi sento così piccolo ancora. Solo quando ascolto certe canzoni mi cresce qualcosa dentro, come se potessi fare qualsiasi cosa, senza limiti. "Potere della musica", dice Giovanni e 'sta frase sua mi piace parecchio.

Gaetano si è messo a canticchiare "Can't Buy Me Love". Lo so che è un'altra delle sue preferite, la fischietta sempre. Giovanni ci ha raccontato che quando è entrata in classifica, i Beatles avevano tutte e cinque le prime posizioni, non mi ricordo se in Gran Bretagna o in America. Poco importa. Sembra incredibile. Sono ragazzi normali, le loro canzoni invece hanno qualcosa di straordinario, che piace veramente a tutti.

Beh, quasi a tutti, a giudicare da quegli articoli sui giornali e da quelle trasmissioni tv che ho visto in questo periodo. Anche alcuni dei miei compagni non mi sembrano interessati e sinceramente non li capisco. Eppure, hanno la nostra stessa età. Possibile non condividano i sogni e le speranze che questa musica sembra portare con sé? Ascoltandola si ha l'impressione di volare, di vedere posti nuovi, di fare esperienze straordinarie e uniche. Penso sia normale a questa età, ma evidentemente non è lo stesso per tutti.

Siamo quasi arrivati alla nostra fermata, a Piazza San Silvestro. Ci sono stato da poco, con papà. Lui è un appassionato di libri, a casa abbiamo un armadio a muro intero che ne è pieno zeppo. E qui ha aperto da pochissimo una libreria gigantesca, la più grande che abbia mai visto. Si chiama Remainders e mio padre dice che significa che questi libri erano destinati al macero. Sono i rimasugli, quelli che nessuno ha voluto comprare.

Invece di distruggerli finiscono in vendita, a un prezzo scontatissimo. Mi piace questa idea. E permette a tante persone che hanno meno soldi di non rinunciare al piacere di leggere e imparare cose nuove.

Siamo scesi. Il caldo è soffocante, i marciapiedi sembrano sciogliersi sotto le suole dei mocassini, mentre giriamo nelle stradine laterali, che almeno offrono qualche tratto d'ombra, e attraversiamo il poco traffico di Via del Corso. Si suda, ma andiamo avanti, parlando di quello che ci aspetta. Quanta gente troveremo fuori dal cinema? Ci sarà qualche personaggio famoso o quelli andranno tutti la sera? Almeno così si risparmierebbero la temperatura asfissiante che ci stiamo beccando noi. Mentre percorriamo via Tomacelli e aspettiamo al semaforo di attraversare il Lungotevere, mi rendo conto che adesso non siamo più soli. Intorno a noi ci sono ragazze e ragazzi e mi sembra che vadano tutti nella nostra stessa direzione. I maschi sono spesso in giacca, ne vedo pochi in camicia come noi. Alcuni portano pure la cravatta. Le ragazze no. Hanno vestiti colorati, spesso corti, secondo la moda che c'è sui giornali che vedo in edicola e che viene dall'Inghilterra, come i Beatles. Le due cose mi sembrano collegate, evidentemente. È come un'onda che cresce sempre più e ti circonda da ogni parte.

Anche la voglia di visitare quel paese è sempre più forte in me. Sembra un mondo molto diverso da quello al quale siamo abituati. Eppure, sono sicuro che lì mi sentirei a casa. Ma forse qualcosa sta cambiando anche qui. E sono le ragazze che guidano il cambiamento, hanno più coraggio e sanno osare.

Eccoci sulla piazza. L'enorme palazzo di giustizia, il Palazzaccio lo chiamano qui, non fa ombra abbastanza e il caldo è quasi insopportabile. I carabinieri sono quelli che soffrono di più secondo me. Anche se indossano la divisa estiva, quella color kaki, stare sotto il sole e gestire tutte le persone che si stanno ammassando vicino al cinema non deve essere facile. La situazione, però, è tranquilla. Anche perché ci sono pure molti poliziotti e in totale saranno più di mille. Mai visti tanti tutti insieme. Hanno preparato delle transenne, che dovrebbero incolonnare le persone all'entrata, ma non ci sono file chilometriche. La scritta all'ingresso del teatro è semplice: The Beatles. Sopra ancora c'è un altro cartellone che però non è attivo: si vedono le lampadine che servono a illuminarlo, ma hanno pensato che non servisse. In fondo siamo in pieno giorno e prepararlo chissà quanto costa.

Ora vedo intorno a noi tantissimi ragazze e ragazzi, certi hanno cartelli che salutano i Beatles. Su alcuni ci sono i nomi o di tutti e quattro o di uno solo di loro. Ce ne è qualcuno per Paul, per John soprattutto, ma anche George e Ringo, a quanto pare, hanno i loro fan. Chissà che effetto fa trovarsi a leggere il proprio nome, circondato da cuori o con sotto la scritta "I love you". Deve essere elettrizzante. Essere amati in maniera così incondizionata da volerlo gridare e manifestare così apertamente da persone che non ti hanno mai visto, ma che si riconoscono nella tua musica, in quello che fai.

L'attesa è lunga, resa più insostenibile dal gran caldo. Alla fine, nonostante l'apparente caos, si riesce a entrare senza troppe difficoltà. All'ingresso, il cartellone nero mette anche il nome di Peppino di Capri e i Rockers. Sotto c'è scritto che l'amplificazione è a cura di Davoli e Krundaal. Speriamo l'acustica sia all'altezza, nonostante quello che abbiamo letto sul giornale. Arriviamo ai nostri posti: siamo sistemati in alto, il palco è piuttosto piccolo sotto a noi e la sala non è certo del tutto piena. Arrivano i gruppi spalla che si esibiscono. Neanche mi ricordo i nomi. Ce la mettono tutta e questo è corretto riconoscerglielo.

Ma l'attesa è enorme, quello che sta per succedere laggiù è troppo grande. Nessuno sarebbe in grado di scaldare il pubblico. Però vengono applauditi ed è giusto così. Ognuno ha la propria dimensione e sicuramente questi artisti fanno musica sul serio. Meritano solo applausi. Ogni volta che qualcuno finisce di esibirsi mi sporgo per vedere che sta per succedere. È la prima volta che assisto a un concerto e per me è tutto nuovo. Mi piace guardare i particolari, come per esempio il palcoscenico che è parecchio rialzato rispetto alla platea. Ma non è molto grande, almeno da quassù non lo sembra affatto e spoglio. Mi spiace per chi sta suonando adesso, ma mi distraggo soprattutto a guardare il pubblico che ci circonda.

In galleria ci sono persone un poco di tutti i gruppi sociali. Vedo dei ragazzi che sembrano essere arrivati anche da fuori. Sento attorno a me degli accenti che non riconosco, sicuramente del sud. So che uno dei giornali di musica aveva organizzato dei pullman per portare qui le persone che avrebbero avuto difficoltà a raggiungere Roma, altrimenti.

Ci sono anche degli sponsor: una bibita in bottiglia molto famosa (me la berrei volentieri col caldo che fa!) e un marchio di cucine. Ecco, quelle le vedo più difficili da piazzare, vista l'età dei presenti. Non credo che nessuno o quasi viva per conto proprio. Infatti, ci sono anche dei genitori, qua e là, spesso che accompagnano gruppi di ragazze, facilmente più piccole di noi. Mi sbaglierò, ma sembrano anche le più scatenate.

L'atmosfera, via via, si scalda. Peppino Di Capri e il gruppo che lo accompagna si esibiscono in diverse canzoni. Sono tutti in cravatta, tranne il cantante che ha una camicia rosa sotto la giacca e la tiene aperta sul collo, forse per non strozzare la voce! Cerco di guardare anche sotto di me e vedo che la sala è molto più piena di prima, ma non del tutto. Peccato, da uno di quei posti vuoti lì sotto, sicuramente la vista è migliore e magari anche l'acustica. Qui si sente poco. Ma non ci lamentiamo. Ormai non manca molto, l'elettricità si può quasi toccare con mano. I Rockers salutano e i due presentatori della serata, che sono due attori, tornano sul palco. La ragazza non la vedo bene ma è carina.

So che ha fatto qualche film, ma non ne conosco il titolo. Comunque, stanno dicendo che è arrivato il momento e snocciolano i nomi dei quattro che stanno per salire sul palcoscenico. John, Paul, George e Ringo. È come se qualcuno avesse sparato con un cannone dentro il teatro.

Il rumore delle persone che si alzano in piedi e gridano, applaudono, fischiano, insomma fanno di tutto per farsi vedere e sentire è assordante. Intorno a me sembrano tutti impazziti. Le ragazze in particolare si agitano come non ho mai visto prima. Guardo Gaetano ma lui pure è in trance con due dita in bocca fa un fischio prolungato e penetrante che mi spacca quasi i timpani. Sul palco, i quattro prendono posto. Mamma mia, i Beatles. Quasi non riesco a crederci a quello che sto per vedere. A sinistra si mette Paul, col suo basso bicolore. Poi c'è George che ha una bellissima chitarra rossa. Un poco più indietro c'è la batteria di Ringo, con stampato sopra il nome del gruppo. E infine c'è John. Anche lui, come tutti gli altri, ha un vestito blu, la camicia bianca e la cravatta. Ma a differenza dei suoi compagni d'avventura, ha anche in testa un buffo cappello, mi pare blu pure quello.

Chissà dove lo ha pescato. Si mettono in fila e salutano. Almeno credo, il caos che c'è in questi momenti è indescrivibile. Mi sembra che Paul - che è il più estroverso di tutti, almeno verso il pubblico - provi pure a parlare in italiano! Beh, "Ciao Roma" lo sa dire senza dubbio... e poi attaccano "Twist and Shout" e il finimondo che c'era prima raddoppia, triplica. Sembra di stare in un frullatore.

Le ragazze urlano, i maschi si dimenano e fischiano. I quattro sul palco sembrano divertiti e per niente spaventati da quell'assordante caos. Per loro, mi viene da pensare, deve essere normale. Sul palcoscenico, a fianco e subito dietro ai musicisti, ci sono diversi amplificatori, ma comunque si sente poco, pochissimo. Non penso ne abbiano costruito uno così potente da sovrastare quelle migliaia di voci urlanti. In un posto chiuso, poi. Quasi mi gira la testa per il rumore.

Sono affascinato dallo spettacolo a cui sto assistendo. Mentre cantano, i Beatles si guardano e si sorridono, ammiccano. Si vede che sono abituati a esibirsi dal vivo e fra di loro sembra che chi sia quasi un codice, un linguaggio segreto che gli permette di essere totalmente sincronizzati pure in mezzo a quel bailamme. Forse è telepatia.

A un certo punto, Paul si sposta e si mette vicino a John per fare insieme il contro canto.

Ogni passo che fa, ogni mossa di ciascuno di loro è accompagnata dalle grida del pubblico, che chiama il nome del preferito dei quattro. Sento qualcuno lamentarsi che "non si sente", ma le urla di chi lo fa contribuiscono a rendere ancora più assordante il rumore del pubblico. Mi distraggo un attimo a sbirciare che succede intorno a noi.

Non lontano da dove ci troviamo, scovo una ragazza che sta seduta, mentre tutti intorno saltano e gridano, tenendosi le mani sugli occhi, come se non volesse vedere. Ma in realtà è lì proprio per quello! Vicino a lei, c'è un ragazzo con una maglietta a righe bianca e blu che si agita come un matto. Lo avevo già visto fuori, si capisce che è sovreccitato e non riesce a stare fermo.

Quando finisce una canzone, i Beatles si inchinano molto compitamente tutti e quattro. Paul accenna anche a un "grazie" (però lui pronuncia "grazi", con l'italiano siamo indietro…) e poi passa a presentare il pezzo successivo.

Il continuo rumore di fondo rende le sue parole quasi indistinguibili. E credo che pure per loro ci sia qualche difficoltà perché un paio di volte inciampano sull'inizio, come se non riuscissero a partire allo stesso momento. Ma non ci fa caso nessuno, perché John sdrammatizza, scherza, fa le smorfie e il pubblico si diverte anche in questo modo. La scaletta va avanti. "She's a Woman", "I'm a Loser, "Can't Buy me Love"… ogni volta Paul dice qualche parola in italiano. Cose come, "nostra prossima canzone" e poi si rivolge agli altri, si sincronizzano con i tempi e iniziano a suonare.

Osservo Ringo che è l'unico seduto, ovviamente. Può muoversi meno degli altri, ma anche lui si dimena e s'agita sul suo sgabello, spostando i capelli di qua e di là. E pensare che qualche malalingua diceva che portavano la parrucca. Con tutto quel dimenarsi, se ne avesse una, gli cadrebbe di sicuro! Cantano "Baby's in Black", "I Wanna Be Your Man". Il pubblico delira e qualcuno, ma non sono tanti, prova pure a cantare le canzoni. Il ritornello, almeno quello, lo sanno in parecchi.

Quando presentano "A Hard Day's Night" ("John dice in italiano il titolo del film da cui è tratta, "Tutti per uno") mi volto verso Gaetano e vedo che pure lui è in estasi. Ha gli occhi spalancati, la bocca aperta e sembra si stia godendo quel momento, respiro dopo respiro. Guardandolo, mi viene in mente che non so quanto durerà la nostra amicizia, se un anno, o fino alla fine della scuola o magari anche dopo. Chissà, un giorno avremo anche dei figli a cui raccontare di questa avventura, della volta che abbiamo attraversato la città in un giorno torrido per andare a sentire i Beatles. Qualcuno dice che non dureranno, a fine estate nessuno li ricorderà, ma, a giudicare da quello che sento e vedo, mi sa che è una previsione sbagliata al cento per cento.

Anche se nessuno può prevedere il futuro. Adesso mi sembra tutto così lontano. Però di una cosa sono certo. Questa serata, domenica 27 giugno 1965, rimarrà scolpita nella nostra testa e nel cuore per sempre. Anche se dovessimo perderci di vista, sono sicuro che nessuno dei due dimenticherà mai più quello che abbiamo visto e sentito, provato e ascoltato qui oggi. I Beatles. Non mi sembra ancora vero. Hanno suonato anche "Everybody's Trying To Be My Baby" e "Rock and Roll Music".

Il pubblico è rapito. La ragazza di prima, quella con le mani sul viso, adesso guarda verso il palco. Ha il viso rigato di lacrime: la vedo bene perché è vicina, anche se si volta spesso a fare gesti muti (e tanto chi sentirebbe!) verso qualcuno dietro di lei. Ride mentre piange e ha un'espressione unica. Come in un'estasi, sospesa tra dolore e gioia. I quattro sul palco scherzano ancora, soprattutto con Ringo che sembra quello più pazzerello di tutti. Ride molto e dà l'impressione di essere davvero a suo agio.

Come facciano per me rimane un mistero. Sono forse le uniche persone in pieno controllo di sé di tutta la sala. Beh, a parte i poliziotti che sono ai due lati dell'area con le poltroncine. Alcuni di questi ultimi sembrano quasi spaventati dal rumore e dalle persone scalmanate. E c'è anche qualche fotografo che si muove intorno al palco, scattando e scattando per immortalare quel momento unico. Altre due canzoni straordinarie: "I Feel Fine e "Ticket to Ride", che fanno davvero saltare tutti sulle poltroncine. Per tutta la loro durata, Gaetano emette quel fischio sovrumano che mi rompe i timpani. Ma è contento, fischia perché non sa le parole e da qui non c'è molto altro che possiamo fare per partecipare a questo rito con tutti gli altri. È il suo modo di dire "Ehi, ci sono anche io, ci siamo".

Poi Paul dice rivolto alla platea, "l'ultima canzone, l'ultima" e attaccano "Long Tall Sally". Mi stupisce che chiudano con un brano che non è scritto da loro, ma da Little Richard (ce lo ha detto Giovanni, naturalmente, insieme a una serie di altre cose sul brano e l'autore che adesso non ricordo) però è trascinante e l'intero cinema a questo punto balla e salta come una persona sola. Anche io. Devo averlo fatto tutto il tempo, senza però rendermene conto. Scopro di essere sudatissimo, come se avessi corso una maratona. Il sound dei Beatles ha travolto anche me. E sì che pensavo di essere un tipo controllato. C'è una forza in queste note, ma anche nel modo in cui i musicisti le suonano, le propongono al pubblico, che ti estranea dalla tua solita realtà. Ti rende un'altra persona. Non so se migliore, ma più felice di sicuro. Tutti quelli che abbiamo intorno sono più contenti di prima del concerto.

Questi ragazzi inglesi, al di là di chiacchiere e cattiverie, delle paure di tanta gente, hanno nelle mani il potere di rendere il mondo un posto migliore. E non mi sembra una cosa da poco, sinceramente.

Il concerto finisce. Guardo quei quattro mentre salutano, alzando gli strumenti verso il pubblico. Naturalmente Ringo no, poverino. Lui si limita a lanciare le bacchette verso la platea! Chissà quanto si vanterà chi riuscirà a prenderle e portarsele a casa, ammesso che esca vivo dalla mischia che si crea per raccoglierle. I musicisti si inchinano, ringraziano ancora e ancora, Paul saluta con la mano sorridendo e poi scendono dal palco, lasciando solo la batteria con il loro logo e gli amplificatori spenti.

Le luci in sala si accendono. Molte persone si buttano sulle poltroncine, esauste. Qualcuno prova a lanciare dei cori, chiamando i Beatles per nome, Ringo, Paul, John, George... nessuno sembra volersene andare, anche se - me ne rendo conto ora - il caldo qui dentro è davvero opprimente. Nell'aria aleggia qualcosa di magico. Abbiamo assistito a un concerto, sì, ma anche a molto di più. Il legame che si crea fra questi quattro ragazzi inglesi sul palco e coloro che vanno a vederli e sentirli è unico e prodigioso. Non so se è mai esistito niente di simile fino a oggi.

La sensazione straordinaria che ho provato questo pomeriggio, dentro l'Adriano, la porterò con me non solo oggi, nei prossimi giorni, ma per il resto della vita.

Sono rimasto così, imbambolato. Gaetano mi batte una mano sulla spalla e mi invita ad andare. Intorno a noi già parecchi ragazzi hanno raggiunto l'uscita. Magari vogliono intercettare il gruppo che se ne va da qui per tornare in albergo ai Parioli. Noi non ce la facciamo, ci limitiamo a seguire la lenta fila, trascinando un poco i piedi sul pavimento. Siamo troppo stanchi, sudati, emozionati e presi dallo spettacolo che ci è stato regalato per scambiare anche solo due parole e le impressioni del concerto. Per fare quello avremo tempo, durante il viaggio di ritorno verso Montesacro. Il nostro quartiere, il nostro mondo. Così lontano e diverso da questi momenti. E chissà per quanti giorni ancora ne parleremo! Usciamo dal teatro, il caldo della piazza è leggermente scemato ma è ancora torrido. Senza parlare ci incamminiamo verso casa.

Il futuro è un mistero. Per tutti. Ci aspetta una vita intera, gioie, dolori, arrabbiature, amori (spero...). Eppure, dentro di noi questa sera rimarrà per sempre. Arriveranno fidanzate, mogli, figli e chissà che altro, ma, almeno per oggi, c'è solo la musica: "I'm in love with her and I feel fine"...

LETTURE

CONSIGLIATE

- A CELLARFUL OF NOISE, Brian Epstein, Souvenir Press – Londra 1964

- LOVE ME DO! THE BEATLES' PROGRESS, Michael Braun, Graymalkin Media – Los Angeles 1964

- THE TRUE STORY OF THE BEATLES, Billy Shepherd, Beat Publication – Londra 1964

- A PERSONAL RECORD: THE LABOUR GOVERNMENT 1964–1970, Harold Wilson, Little Brown and Company – Boston 1971

- LENNON REMEMBERS, Jann S.

Wenner, Straight Arrow – San Francisco 1971

- THE LONGEST COCKTAIL PARTY, Richard Di Lello, Playboy Press – Chicago 1973

- A TWIST OF LENNON, Cynthia Lennon, Star Book – Londra 1978

- ALL YOU NEED IS EARS, George Martin – Jeremy Hornsby, MacMillan Publishers – New York 1979

- THE CUSTARDS STOPS AT HATFIELD, Kenny Everett, Willow Books – Londra 1982

- YESTERDAY: THE BEATLES REMEMBERED, James Alistair Taylor, Pan Mac Millan – Londra 1986

- LENNON & MCCARTNEY, Malcolm Doney, Hyppocrene – New York 1988

- DYLAN: A BIOGRAPHY, Bob Spitz, W.W. Norton & Co – New York 1989

- LET ME TAKE YOU DOWN: INSIDE THE MIND OF MARK DAVID CHAPMAN, THE MAN WHO KILLED
- JOHN LENNON, Jack Jones, Villard Books – New York 1992
- YESTERDAY: MY LIFE WITH THE BEATLES, James Alistair Taylor, Movie Publisher Service – New York 1991
- REVOLUTION IN THE HEAD, Ian MacDonald, Fourth Estate – Londra 1994
- REVOLUTION IN THE HEAD, Ian McDonald, Fourth Estate – Londra 1994
- IL ROCK – IL NOSTRO TEMPO NELLA MUSICA, Martine Buysschaert (a cura di), Electa – Gallimard (Ed. it.) Milano 1994
- THE DAY JOHN MET PAUL, Jim O'Donnell, Penguin Books – Londra 1994
- A DAY IN THE LIFE: THE MUSIC

AND ARTISTRY OF THE BEATLES, Mark Hertsgaard, Delacorte – New York 1995

• LA LONDRA DEI BEATLES, Paola Colaiacono – Vittoria Caterina Caratozzolo, Editori Riuniti – Roma 1996

• FAITH OF OUR FATHERS, Alan Edge, Mainstream Publishing Company – Edimburgo 1999

• THE BEATLES AS MUSICIANS: REVOLVER THROUGH

• THE ANTHOLOGY, Walter Everett, Oxford Univ. Press – New York 1999

• MONDO EXOTICA. SUONI, VISIONI E MANIE DELLA

• GENERAZIONE COCKTAIL, Francesco Adinolfi, Einaudi – Torino 2000

• THE BEATLES ANTHOLOGY, AA.VV., Chronicle Books – San Francisco 2000

• BEATLES DOLCE VITA, Corrado Rizza,

Lampi di stampa – Milano 2005

- THE LOVE YOU MAKE: AN INSIDER STORY OF THE BEATLES, P- Brown – Steven Gaines, Berkley – New York 2005

- LENNON REVEALED, Larry Kane, Hachette – New York 2005

- SHOUT!: THE BEATLES IN THEIR GENERATION, Philip Norman, Touchstone – Chicago 2005

- READ THE BEATLES: CLASSIC AND NEW WRITINGS ON THE BEATLES, THEIR LEGACY, AND WHY THEY STILL MATTER, June Skinner Sawyers, Penguin Books – Londra 2006

- READING THE BEATLES: CULTURAL STUDIES, LITERARY CRITICISM AND THE FAB FOUR, Kenneth Womack & Todd Davis, State University of New York Press – Albany 2006

- HERE COMES THE SUN: THE SPIRITUAL & MUSICAL JOURNEY OF GEORGE HARRISON, Joshua Greene, Bantam – New York 2006

- HERE, THERE AND EVERYWHERE: MY LIFE RECORDING THE BEATLES, Geoff Emerick, Avery Pub Group – New York 2007

- SGT PEPPER – LA VERA STORIA, Riccardo Bertoncelli – Franco Zanetti, Giunti – Firenze 2007

- LENNON AND MCCARTNEY: TOGETHER ALONE, John Blaney, Jawbone Press – Londra 2007

- DAI BEATLES A BLAIR: LA CULTURA INGLESE CONTEMPORANEA, Roberto Bertinetti, Carocci Editore – Roma 2008

- SUMMER OF LOVE – THE MAKING OF SGT PEPPER, George Martin, Coniglio

Editore – Roma 2008

- THE CAMBRIDGE COMPANION TO THE BEATLES, Kenneth Womack (a cura di), Cambridge University Press – Cambridge 2009

- PAUL MCCARTNEY: A LIFE, Peter Ames Carlin, Touchstone – New York 2009

- 1965–1966 – LA NASCITA DEL NUOVO ROCK, Riccardo Bertoncelli, Giunti – Firenze 2011

- LIVERPOOL – A LANDSCAPE HISTORY, Martin Greney, The History Press – Cheltenham 2013

- WORKING CLASS HEROES: ROCK MUSIC AND BRITISH SOCIETY IN THE 1960S AND 1970S, David Simonelli, Lexington Books – Lanham, MD 2013

- BEATLES, Ernesto Assante – Gino Castaldo, Laterza – Bari 2014

- THE BEATLES A GENOVA, Enrico Cirone, Chinaski Edizioni – Genova 2015

- LOVE – LE CANZONI D'AMORE DEI BEATLES, Michelangelo Iossa, Graus Edizioni – Napoli 2016

- LA VERSIONE DI PAUL, Paul McCartney – con Paul du Noyer, Edizioni Piemme – Milano 2016

- RIDING SO HIGH – THE BEATLES AND DRUGS, Joe Goodden, Pepper & Pearl – Londra 2017

- THE BEATLES ON THE ROOF, Tony Barrell, Omnibus Pr & Schirmer Trade Books – Londra 2017

- BOB DYLAN AND THE BRITISH SIXTIES: A CULTURAL HISTORY, Tudor Jones, Taylor & Francis Group – Abingdon (UK) 2018

- JOHN LENNON, Vincenzo Oliva,

Diarkos Editore – Sant'Arcangelo di Romagna 2020

- I BEATLES MADE IN ITALY, Enzo Gentile, Baldini+Castoldi – Milano 2022

- IO ELVIS, Paolo Borgognone, Diarkos Editore – Sant'Arcangelo di Romagna 2022

- MARTIN LUTHER KING JR – I HAVE A DREAM, Paolo Borgognone, Diarkos Editore – Sant'Arcangelo di Romagna 2022

- I, ME, MINE, George Harrison, Chronicle Books – San Francisco 2022

- BEATLES – IL MITO DEI FAB FOUR, Paolo Borgognone, Diarkos Editore – Sant'Arcangelo di Romagna 2023

PAOLO BORGOGNONE

P aolo Borgognone è giornalista e scrittore. Nato a Roma nel 1962, da sempre coltiva la passione per la musica, accanto a quelle per la lettura e la scrittura. È entrato nell'ordine dei giornalisti nel 1993 e ha collaborato con importanti testate nazionali oltre a lavorare, da più di un ventennio, come addetto stampa per un ente pubblico. Ha coordinato per sette anni la redazione del quotidiano online "l'Automobile".

Per Diarkos Editore ha pubblicato, a partire dal 2020, quattro biografie: FREDDY MERCURY - THE SHOW MUST GO ON; IO, ELVIS - LA STORIA IMMORTALE DEL RE DEL ROCK; MARTIN LUTHER KING JR. - I HAVE A DREAM e BEATLES - IL MITO DEI FAB FOUR. In cantiere ha un volume dedicato a Bohemiahn Rhapsody.

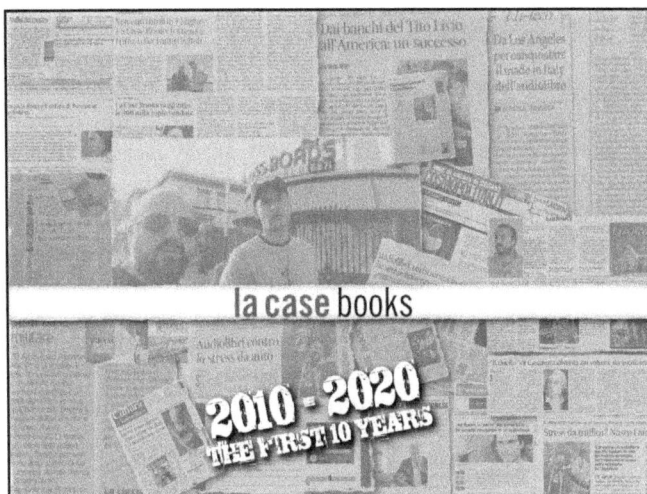

la case books

2010 - 2020
THE FIRST 10 YEARS

LA CASE BOOKS

L A CASE Books è un progetto editoriale nato nel 2010 da un'idea di Jacopo Pezzan e Giacomo Brunoro. Agli inizi del 2010 Pezzan, che vive a Los Angeles, capisce che quella dell'editoria digitale non è una semplice scommessa sul futuro ma una realtà concreta.

Così, quando in Italia non era ancora possibile acquistare ebook su iTunes, e Kindle Store era attivo soltanto negli USA, LA CASE Books inizia a pubblicare ebook e audiolibri in italiano e in inglese sul mercato mondiale. Nel 2020, per celebrare i primi dieci anni di attività della casa editrice, iniziano anche le pubblicazioni in formato cartaceo.

Oggi LA CASE Books ha un catalogo di più di 2.000 titoli tra libri cartacei, ebook, audiolibri, podcast e documentari in inglese, italiano, tedesco, francese, spagnolo, russo, portoghese e polacco, ed è presente in tutti i più importanti digital store internazionali.

www.lacasebooks.com

TUTTI PER UNO - I BEATLES IN ITALIA

Copyright © 2025 LA CASE

ISBN 978-1-953546-35-7

LA CASE Books
PO BOX 931416, Los Angeles, CA, 90093
info@lacasebooks.com || www.lacasebooks.com